1分 おしり筋を伸ばすだけで 劇的ペタ腹!

骨盤矯正パーソナルトレーナー
Naoko

お尻を伸ばすだけで
おなかと下半身は
するするやせていきます

おなかやせには腹筋。
太ももやせにはスクワット。
……なんて過去の常識。
体の土台となるお尻を
伸ばして整えてあげるだけで、
気になるぜい肉は自然に落ちていきます。

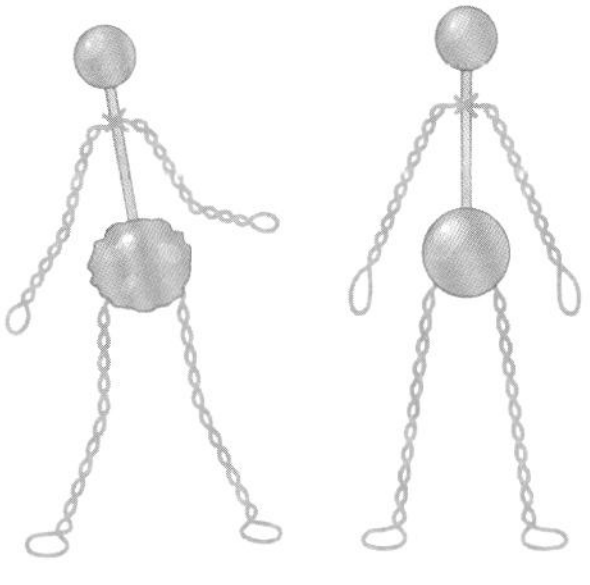

お尻は体の土台

お尻は背骨や大腿骨の起点。土台のお尻が弱いと、おなかや太ももの筋肉は、本来の働きができなくなります。

効果が目に見えて楽しい！
だからやりたくなるんです

「お尻筋伸ばし」は結果が早く、
目に見えて体が変わっていきます。
やせていく成功体験を積み上げるのは楽しいし、
楽しいと思うことに脳は反応するもの。
自然と続けたくなります。
その先に待っているのは、自分史上最高の体です。

B88・W62・H90のメリハリ! 今が自分史上最高の体です

\ 現在42歳3児の母 /

驚異の美Body

Body's Data
身長：164cm
体重：50kg
体脂肪率：19%
バスト：88cm
ウエスト：62cm
ヒップ：90cm

はじめまして。骨盤矯正パーソナルトレーナー&整体師のNaokoです。現在42歳。3児の母ですが、今が自分史上最高の体だと感じています。ハードな筋トレを行い、ストイックに体を鍛えているわけではありません。ジョギングなどスポーツもしていません。ボディトレーナーではありますが、子育てと仕事に忙しい毎日で、自分自身の体をケアできる時間は限られています。

それでも理想の体形をキープできている理由は、「お尻筋伸ばし」でお尻を整えているから。

お尻は体の土台です。

お尻が怠ければ、体がゆがみやすく、動かさない筋肉が多くなります。そこに脂肪がつくのです。逆にいえば、お尻さえ整えておけば、バランスよく筋肉を動かせるので、理想の体形を手に入れキープし続けることができます。

私は30歳、35歳、40歳と5年おきに出産していますが、その都度14~15kg増えた体重を無理なく戻してきました。特に「お尻筋伸ばし」のメソッドを確立した後の40歳の出産は、30歳の出産より10歳歳を重ねましたが、産後の体力回復も、体形の戻りも、一番スムーズ。「お尻筋伸ばし」が、体にとって正しい方法だと確信できたのです。

今でこそダイエットと無縁の私ですが、20代の

40歳での
妊娠&出産も
トラブル知らず

お尻筋伸ばしのおかげで、妊娠中も体調は絶好調。出産直前まで、仕事を続けることができました。

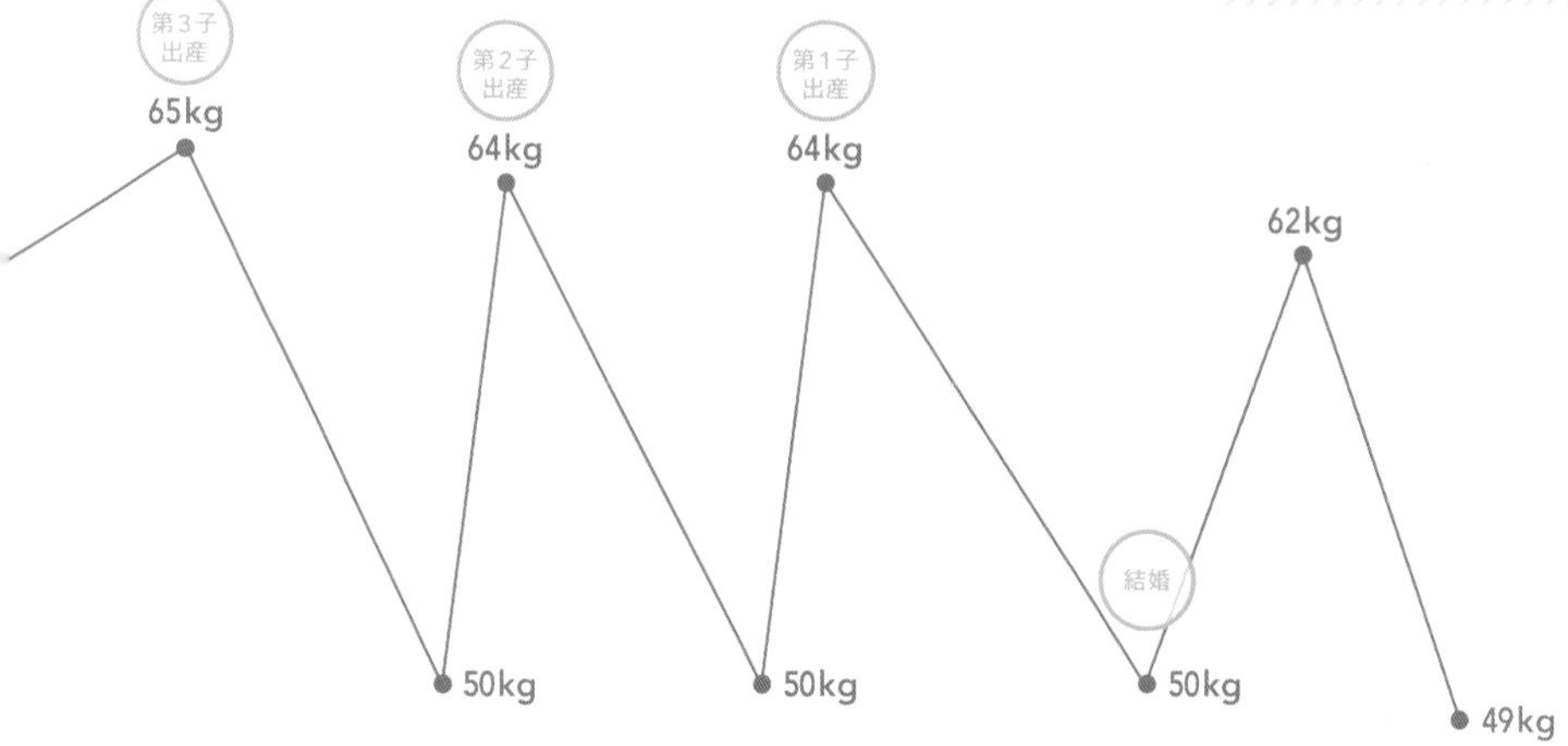
第3子
出産
65kg
第2子
出産
64kg
第1子
出産
64kg
62kg
結婚
50kg
50kg
50kg
49kg

2人の子育てと仕事で充実の毎日。このころ、お尻に着目したお尻筋伸ばしのメソッドを確立する。

出産、母の死などで心身ともボロボロに。生命の力、子どもの存在が心の柱に。ヨガの勉強、教室を始める。

結婚後の新生活&妊娠中も、看病のために実家を行き来。激しい環境の変化に気持ちも落ち込みがちに。

社会人になり、不規則な生活と闘病生活の母の看病というストレスで激太り。O脚や腰痛などの不調も。

40歳　35歳　30歳　20代後半　20代前半

ころは不規則な生活やストレスから、今より12kgも太っていた時期がありました。O脚や外反母趾、腰痛、肌あれなどの悩みも多く、ぎっくり腰も2回経験し、整体院やジムに通い、何とか体重は落としたものの、不調は改善せず。振り返ってみれば、負のオーラを発していたと思います。

本格的に体の勉強を始めたのは31歳のとき。結婚、出産、母の介護、そして母の死と、めまぐるしい数年間を経たのちに、体を整え心をいやしてくれるヨガの魅力を知ったのがきっかけです。何年もたまっていた心のよどみも、体のトラブルもスーッと消えていきました。この素晴らしさを多くの人に伝えたいと養成学校に通い、トレーナーとして活動をスタートしました。

ところがいざ教室を開いてみると、生徒さんの

現在は
子育て＆仕事で
充実の毎日

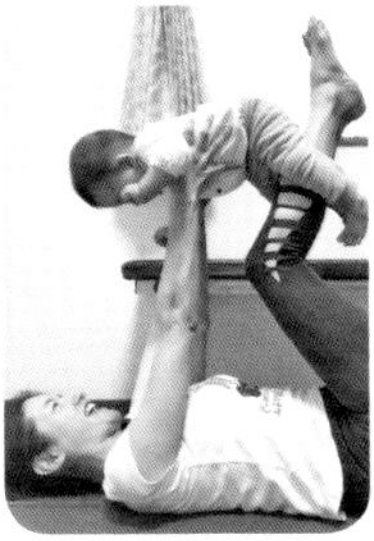

トレーナー＆3人のママとして忙しい日々。お尻筋伸ばしで体を整えているので、元気に過ごしています。

体重62kg。
不調だらけ
だったころ

社会人になり、一番太っていたころ。腰痛や肌あれなどトラブルだらけで、ストレスもたまっていました。

50kg

40歳での出産ながら、産後の回復はスムーズ。産後2か月で仕事に復帰し、体形も3か月でベスト状態に！

42歳

お悩みに答えられないという場面に何度もぶつかったのです。ヨガは素晴らしいメソッドだけれど、ダイエットやゆがみ、痛みやこりなど体の悩みを解決できる技術を多方面から学ぶ必要性を感じ、コアトレやピラティス、整体、エステなど、体を整えるためのさまざまな方法を学ぶことに。

勉強するうちに、「お尻」にスポットを当てると生徒さんは正しい動きができるうえ、非常に早く結果が出るということがわかってきました。試行錯誤する中で、整体、筋トレ、ストレッチの効果でやせられる「お尻筋伸ばし」のメソッドを確立することができたのです。体が硬い、運動習慣がない、これまで何度もダイエットに失敗してきた……。「お尻筋伸ばし」なら、どんな人でも、自分史上最高の体に導いてくれるはずです。

ペタ腹
になれた

＼1回のレッスンで はいてきたパンツがガバガバに／

Y・Oさん

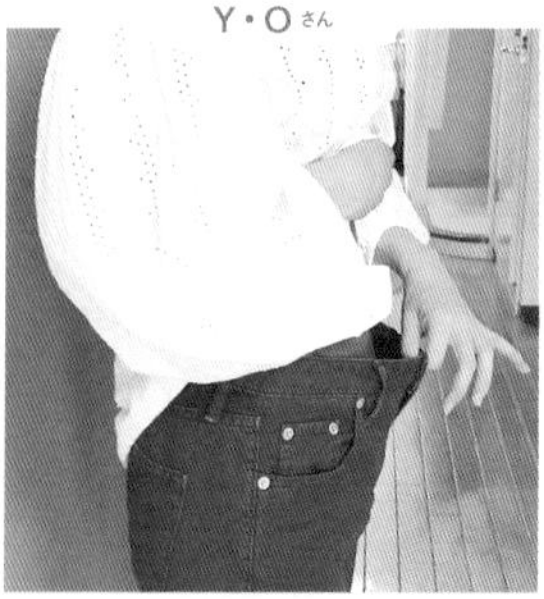

After

＼ウエスト-10㎝!／

G・Yさん

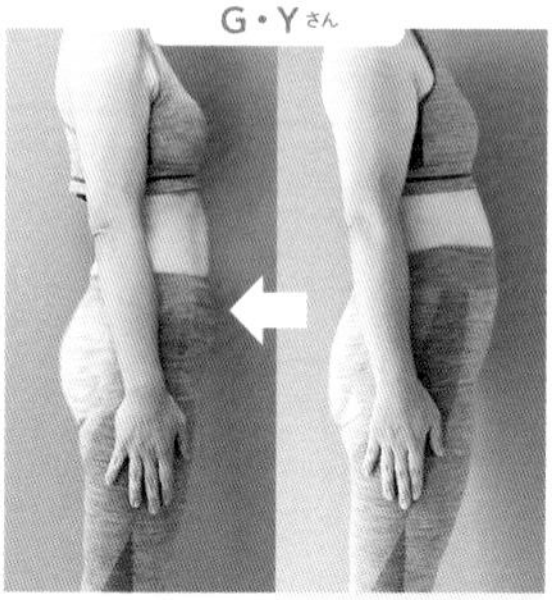

After Before

＼ずんどうから メリハリBodyに!／

Mさん

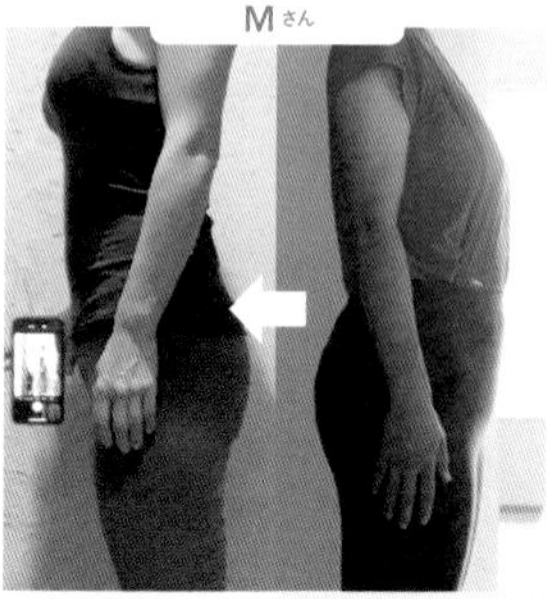

After Before

＼私たちも!／

お尻筋伸ばしで美Bodyになれました

レッスンでお尻筋伸ばしに取り組んだ女性たち。
Before→Afterの変身ぶりに注目です!

くびれ
ができた

＼ウエストが 12㎝もスリムに!／

Hさん

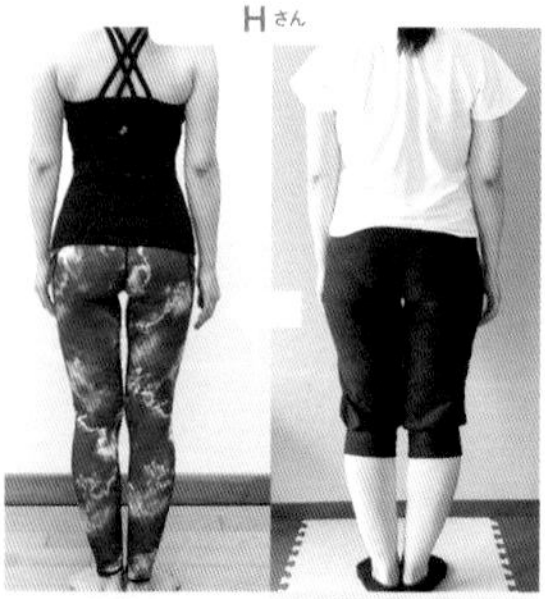

After Before

＼ウエストも 骨盤まわりも-10㎝／

K・Mさん

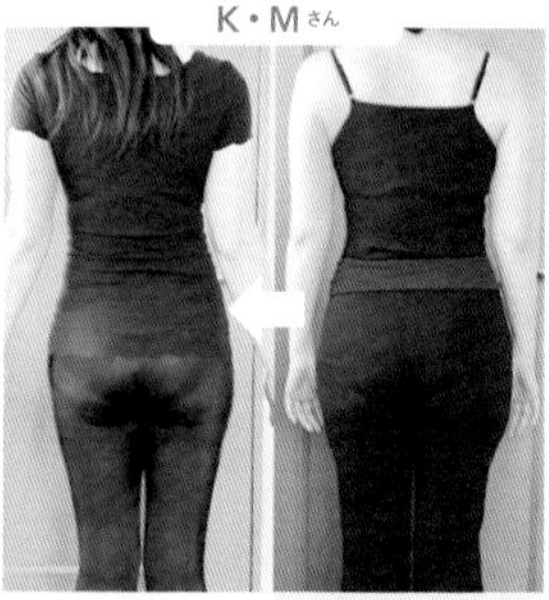

After Before

＼1か月で ウエスト-5㎝／

Hさん

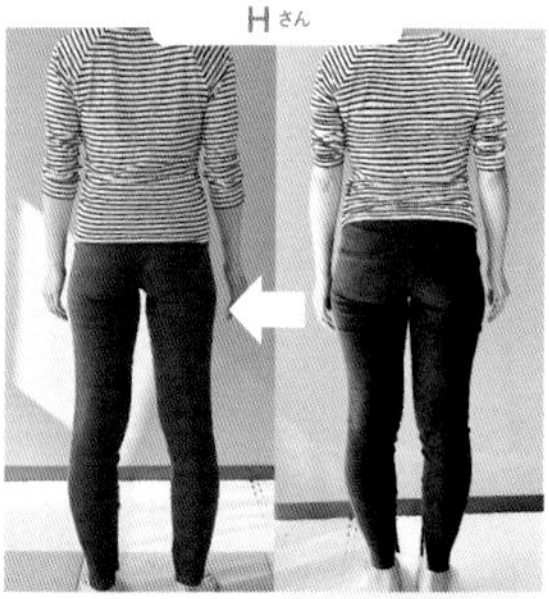

After Before

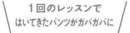

スラリ脚
になれた

O脚がまっすぐ!
細くなった!

Chamiさん

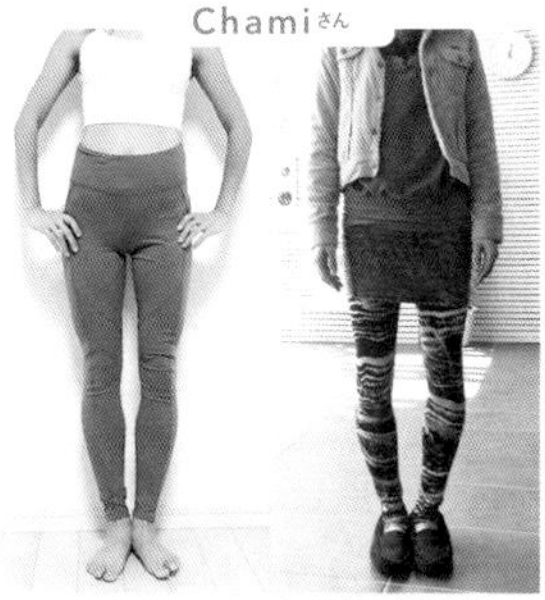

After　Before

体重も8kg減!

O・Kさん

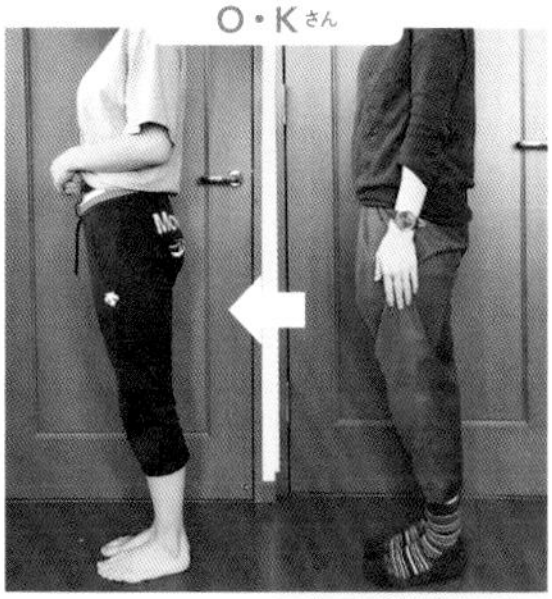

After　Before

O脚が治ってひざ出し
スカートもはける!

H・Rさん

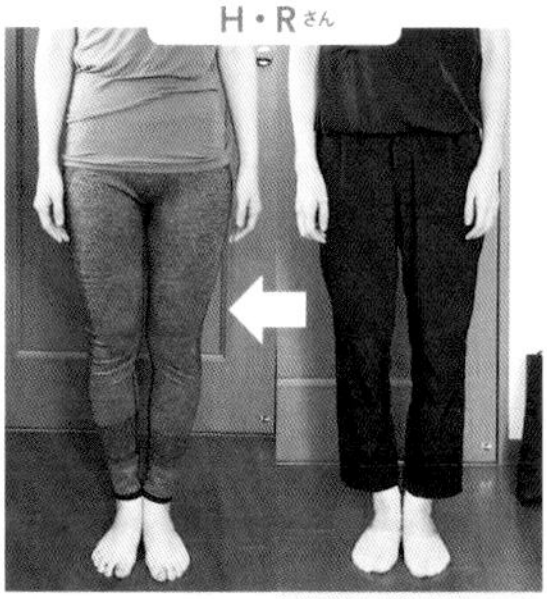

After　Before

骨盤が
引き締まった

お尻がキュッと
引き上がった

Iさん

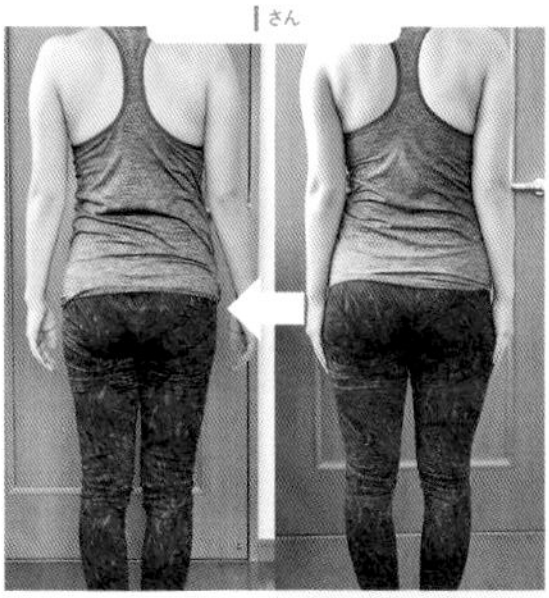

After　Before

骨盤まわり-9.5㎝

G・Kさん

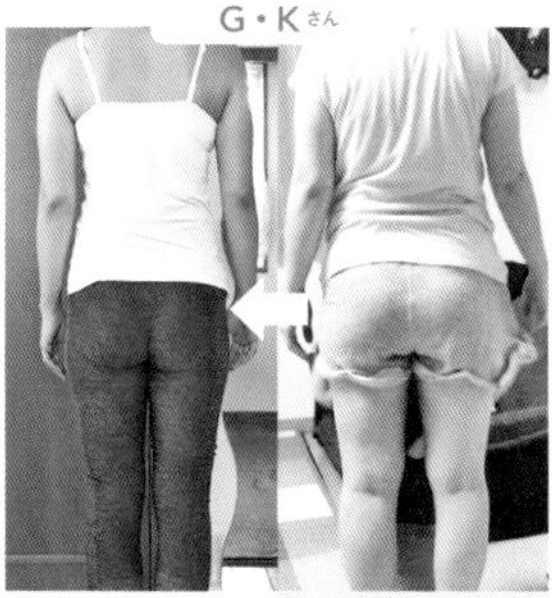

After　Before

ゆがみ
が解消

たった1回のレッスンで
首がまっすぐに

K・Hさん

After　Before

小顔
になれた

二重あごがスッキリ!

Harunaoさん

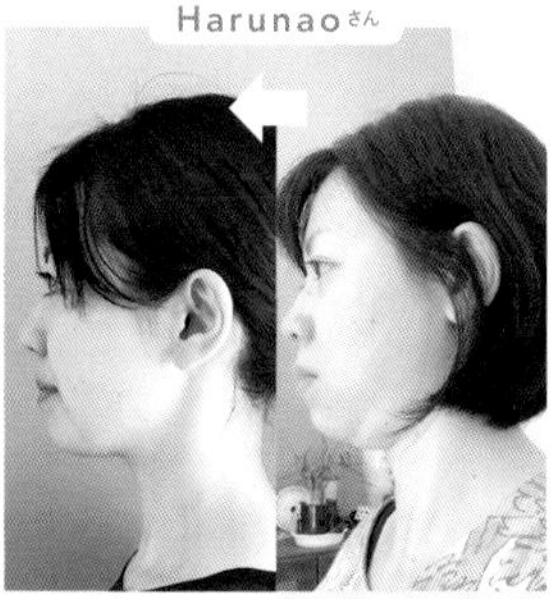

After　Before

お尻筋伸ばしとは……
自力でできる「整体」！

**整体＋ストレッチ＋筋トレの
トリプル効果で
早く確実にやせられる！**

お尻筋伸ばしの一番の特徴は、ゆがみを整える整体効果が高いことです。整体院でゆがみを整えてもらうには、時間とお金が必要ですが、お尻筋伸ばしなら、それが自力でできるのです。

整体師さんに押してもらう力の代わりになるのが、自分の体重と意識。動きとしては「伸ばす」なのですが、実は伸ばしているのと反対のベクトルに「押さえる」力も働かせ、押さえる意識を持つことで、人にやってもらうのと同じ効果を上げています。

この押さえる力が、筋トレにもなっているのがお尻筋伸ばしのすごいところ。筋肉を気持ちよく伸ばすストレッチ、押さえる力による筋トレ、そして整体と、一つの動きに3つの効果があることで、するすると スピーディーにやせられるのです。

人にやってもらうと……

お尻筋伸ばしは……

セルフ整体しつつ筋トレにもなる！

写真のポーズで骨盤調整する場合、人にやってもらうなら腰を押してもらう必要が。お尻筋伸ばしなら、お尻と頭で引っ張り合う意識を持つことで同じ効果を狙います。人の手を借りない分、自分の力を使うことになり、それが筋トレになるのです。

おなかと下半身がやせる

お尻の筋肉が使えている人に、浮き輪肉がついていたり、お尻と太ももが一体化している人はいません。なぜなら、お尻を整えれば、怠けていたおなかや太ももの筋肉が働き始めるから。おなかと太ももの脂肪がみるみる燃えていくのです。

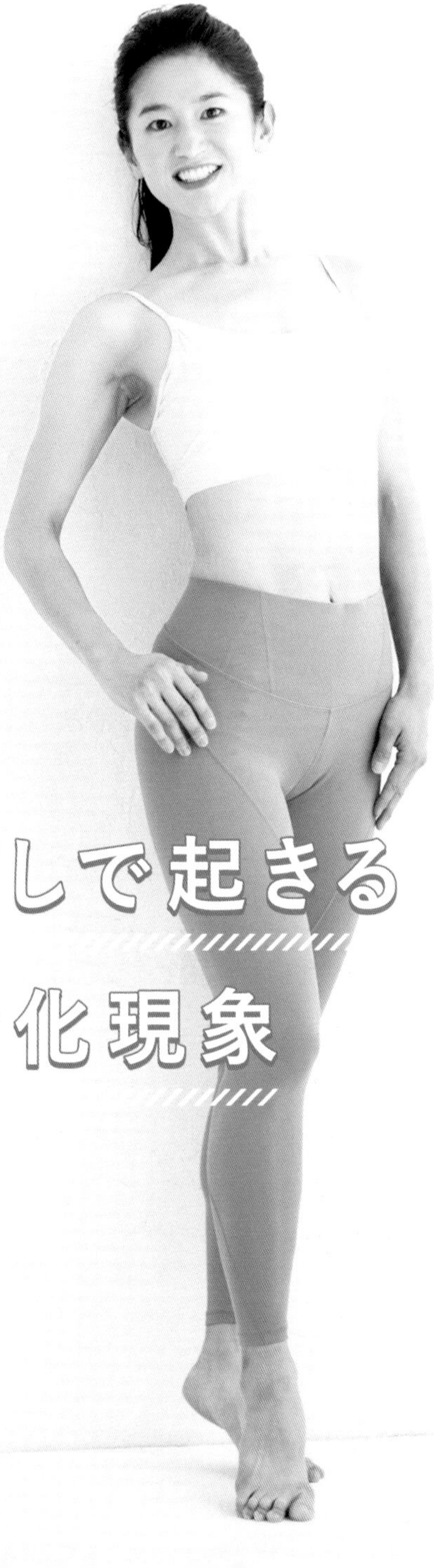

お尻筋伸ばしで起きる 美Body化現象

姿勢がよくなる

骨盤を支えている主な筋肉はお尻の殿筋。だからお尻を整えると骨盤のゆがみも解消しやすくなります。土台が整うからこそ、骨盤から伸びている背骨も本来のS字カーブにリセット。股関節がほぐれて可動域が広がるので、歩幅も広がります。

ウエストがくびれる

お尻筋伸ばしは、呼吸と動きを組み合わせることを大切にしています。呼吸はインナーマッスルを鍛える最高のトレーニング法。横隔膜や腸腰筋などおなかまわりのインナーマッスルを引き上げ、内側からウエストのくびれをサポートします。

ツヤ肌になれる

天然の美容液といえる髄液やリンパ液は、背骨に沿った太い管を通っています。そのため、お尻筋伸ばしで背骨が整うと、流れが促進。私自身、10代、20代より今のほうが肌のハリツヤがよく、シミやしわ、肌あれの悩みも解消されました。

太りにくくなる

お尻を整えて怠けていた筋肉が働き出すと、基礎代謝量（＝安静にしていても必要なエネルギー）がアップ。また、お尻が安定すれば支点が定まり、日常の動作における筋肉の活動量も増えます。そのため、食べても太りにくい体質へと変わるのです。

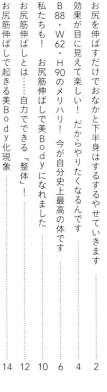

第1章 お尻を伸ばせばやせるわけ

第2章 基本のお尻筋伸ばし

第3章　お尻筋伸ばしで部分やせ＆不調改善

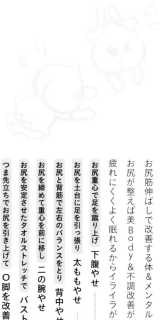

第4章 お尻・おなか・下半身トレーニング

Column

●注意●
お尻筋伸ばしをするときは、滑ったり腰やひざを痛めたりしないように、マットなどを敷いて行いましょう。

お尻の妖精 おしりちゃん

お尻伸ばしについて知識豊富なお尻の妖精。みなさんのダイエットを応援します！

第1章

お尻を伸ばせばやせるわけ

お尻を使えないと下半身&おなかは永遠にやせません

おなかがぽっちゃり
しているのは
実はお尻のせいなの

おなかや下半身太りの原因は、運動不足で腹筋や太ももに脂肪がつくからと思っている人も多いですが、本当の原因はお尻にあります。

お尻は体の土台です。お尻の下に脚が、上に背骨が伸びています。粘土に割り箸をさせば安定するけれど、砂団子に割り箸をさせばグラグラするように、お尻の筋肉を使えていないと体じゅうにゆがみが発生するのです。

体がゆがむと、筋肉をまんべんなく使えず、怠ける筋肉と過剰に働く筋肉が出現します。怠ける筋肉の代表が下腹や内もも、裏ももです。筋肉が怠ければ、そこにどんどん脂肪がついていきます。

一方、過剰に使いがちな筋肉は肩まわりや腰、前ももなど。これらの部分は筋肉が張って固太りや、痛みが起きやすくなるのです。

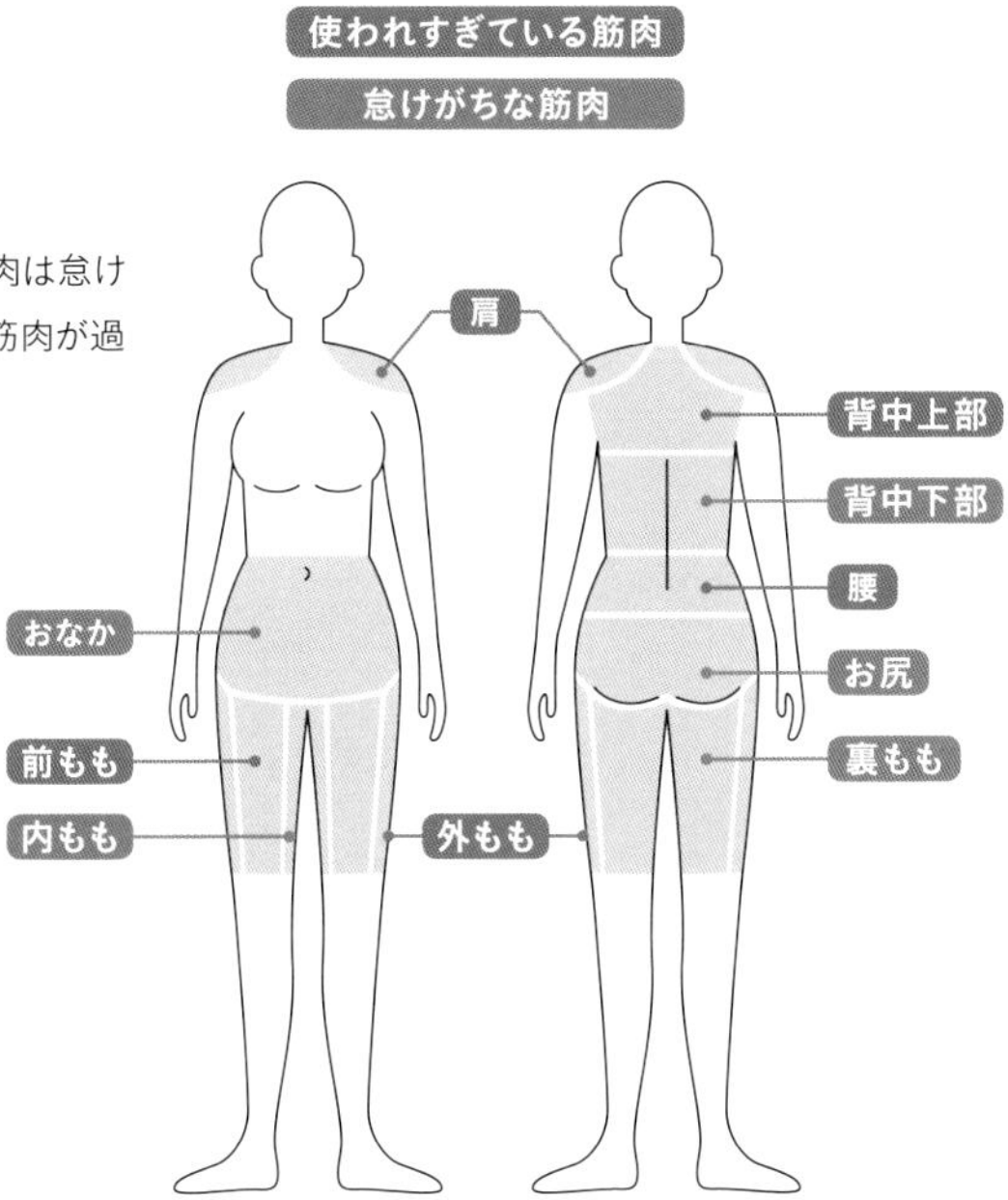
使われすぎている筋肉
怠けがちな筋肉
肩
背中上部
背中下部
腰
おなか
お尻
前もも
裏もも
内もも
外もも

お尻が怠けると筋肉の働きはアンバランスに

おなかや内もも、裏ももの筋肉は怠けがち。その分、前ももや腰の筋肉が過剰に働くことになります。

お尻が使えないと正しい筋トレができない！

スクワットは、お尻や裏ももを鍛えるのが狙い。これらの筋肉を使い慣れていないと前ももの力が優先して動いてしまいます。その結果、フィギュア選手のようなスラリ脚ではなく、競輪選手のようなゴツ脚に！

OK
NG

人は、使いやすい筋肉を使いたがるもの。スクワットをしても裏ももや内ももではなく、前ももを使ってしまいます。ちなみに、本来の動作を行うのに、必要な機能以外の機能で補って別の筋肉で動くことを「代償動作」といいます。

お尻を整えない限り、腹筋やスクワットをしても、おなかも脚も細くはならないのです。

お尻が怠ける原因は毎日の前かがみな生活習慣

人が四つ足から二本足で歩けるようになったのは、お尻の筋肉が発達したからです。その証拠に、全身の筋肉量に対する足や背中などの筋肉の割合はほかの動物にかないませんが、お尻の筋肉の割合だけは人間がダントツトップ。

つまりお尻の筋肉を使って動くのが、二本足で歩く人間本来の動き方といえます。お尻には太ももの大腿四頭筋や背中の広背筋など、大きな筋肉が付着しています。お尻の筋肉が働いてこそ、これらの大きな筋肉をきちんと動かせるのです。

そんな大事なお尻が、なぜ衰えてしまうのでしょう。原因は現代の生活習慣にあります。日々のデスクワークも電車内でのスマホ操作も、買い物でカートを押すのも、赤ちゃんを抱っこするのも、すべて体の前側を使う動作。常に重心が前に

普段の生活は前かがみになりがち

仕事も家事も趣味も。長時間、同じ姿勢でいる動作のほとんどが、
体の前側に重心がきています。これがお尻を衰えさせる原因。

偏っているため、背面の筋肉を使わず、お尻の筋肉も衰えがちなのです。

　そのうえ、私たちはムダな動きが大嫌い。子どもには体のゆがみはほとんどありませんが、それはムダに動いてじっとしていないから。合理性を求めて最小限の動きしかせず、なおかつ前かがみな姿勢をとり続けて同じ筋肉ばかり使っていれば、お尻はますます怠け、ゆがみは増長されます。

　ちなみにスポーツをする人でも、いつも同じ動きをして特定の筋肉しか使っていなければ、ゆがみは発生します。

　お尻を発達させ、二本足で歩いてきた私たち。お尻が怠ければ体がゆがみ、太るばかりではありません。やがて腰が曲がり、自力で歩けなくなるリスクが高まるのです。

あなたのお尻
眠っていない？

お尻筋ダラけ度チェック

お尻の筋肉をきちんと使えているのか、動きや姿勢、日ごろのクセから確かめてみましょう。

＼ うつぶせ脚上げで ／

筋力チェック

やり方＆診断

うつぶせになり、左右のかかとをつけます。ひざは外に開くこと。そのままお尻の力で脚を上げましょう。ひざが閉じたり、重心を前にズラし腰を反って上げるのはNG。恥骨を床につけたまま上げられれば合格です。

NG

重心を前にしてはダメ
重心を前に移して腰を反れば、お尻の力がなくても脚を上げられてしまいます。

\ 開脚手押しで /

左右差チェック

やり方&診断

脚を開いて座り、左右の足裏を近づけます。足首の下に手を入れ、脚を開く力で手を押しましょう。手に感じる圧が左右で異なるなら、お尻の筋力や股関節の硬さに左右差がある証拠です。

これでもチェックできる

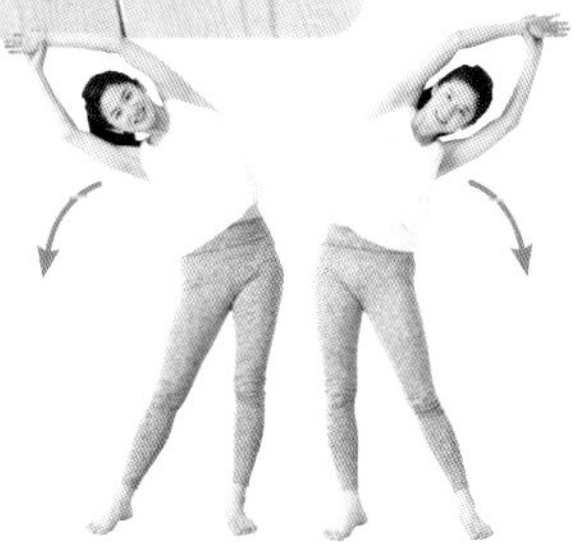

お尻をスライド

背中を壁につけ足を1歩前に出して立ちます。両手を腰に当て頭を壁につけたまま、お尻で壁を押しながら右に左にスライドさせます。動かしやすさに左右差がないか確認しましょう。

上体倒し

壁に背中をつけて立ち、足を1歩前に出します。両腕を上げ、右手で左手首を引っ張りながら右に体を倒しましょう。手を替えて反対側も同様に。倒れやすさに差がないかを感じましょう。

＼ 鏡＆写真で ／

ゆがみチェック

やり方＆診断

鏡を見たり、写真を撮ってもらったりして正面と横からの姿勢をチェックします。当てはまる項目が4個以下なら、お尻が衰えている可能性大！

□ 左右の耳の高さが同じ
□ 鎖骨の真ん中にのど仏がある
□ 鎖骨のラインが水平
□ 左右の肩の高さが同じ

□ 左右のひじの高さが同じ
□ 左右のひざの高さが同じ
□ 左右のつま先の開き具合が同じ

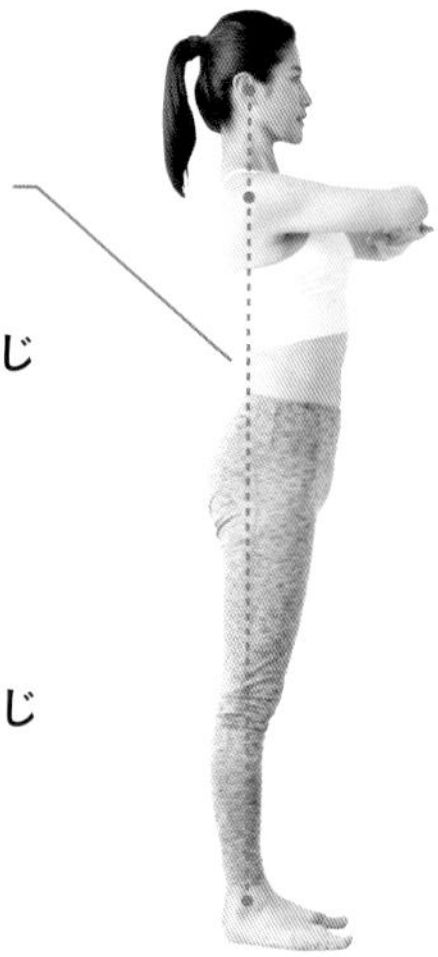

□ 耳、肩、外くるぶしが一直線

普段のクセや習慣で
体の偏りチェック

やり方＆診断

当てはまるものにチェックしましょう。3個以上の人は、お尻の衰えにより体のあちこちが偏っていると考えられます。

□ バッグを持つ手がいつもいっしょ
□ 食べ物をよくかむ側が決まっている
□ 座ると頬づえをつきたくなる
□ 同じ側ばかりで脚を組む
□ テニスやゴルフなど動きに偏りのあるスポーツをしている
□ 靴の減り具合が左右で異なる
□ 靴の外側ばかりがすり減る
□ お尻の大きさや硬さが左右で異なる
□ 左右の視力が異なる
□ 肩こりや腰痛の出方が左右で異なる
□ スカートが回りやすい
□ 寝るときは横向きやうつぶせが多い
□ 記念写真を撮るときまっすぐな姿勢に直されると違和感を覚える

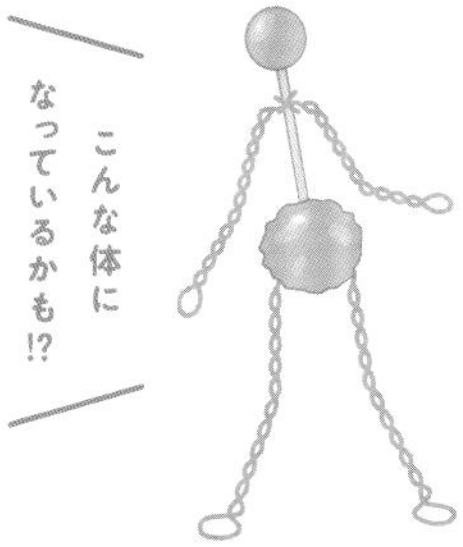

Column 1

太るメリットを知るからこそするするやせられる！

ダイエット中にストレスからドカ食いしたり、やせたいと思いながら先延ばしにしている人。やせられないのは意志が弱いのではなく、自分でも気づかない意識の奥に、「太ったままでいい」という願望があるのかもしれません。

そんなわけないと思いますか？

実は、太っているメリットって、たくさんあるのです。「太っていればきれいを気にしなくてもいい」「緊張感なくダラけて生きられる」「やせたとしても、それをキープするためのツラい人生が待っている（思い込み）」……。

潜在意識でそんな風に感じていれば、脳は現状維持するための機能を働かせ、ダイエットをストレスだと感じさせます。

まずは太っていることにもメリットがあると気づくこと。そして、そのメリットと、なりたい自分になれたメリットを比べてみましょう。理想の自分になるほうがメリットが大きいと脳が納得すれば、ダイエット中のストレスは激減。するするとやせられるのです。

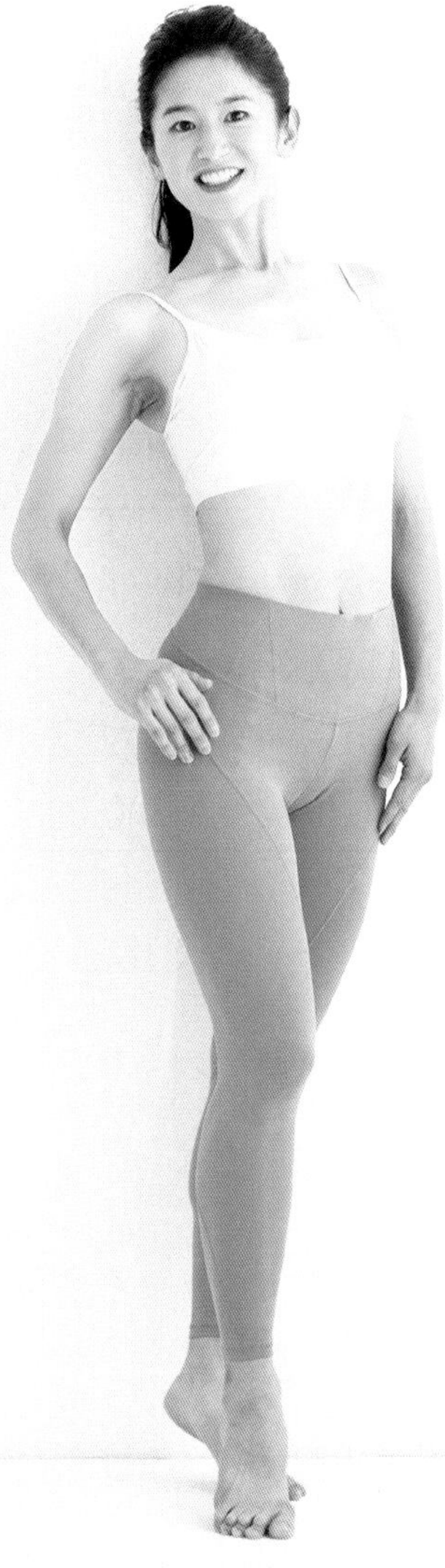

第2章

基本のお尻筋伸ばし

骨盤＆
インナーマッスルを
刺激

お尻筋伸ばしで骨盤が変わる
だからみるみるやせていく！

お尻の奥にある骨盤は、ボディメイクにとても重要なパーツです。骨盤がゆがんだり開いたりしていると、女性らしいメリハリボディをつくることができません。

お尻筋伸ばしには、お尻を意識して動かすことで骨盤を矯正できる工夫を盛り込んでいます。

骨盤に起きる変化は次の4つ。

1 | 骨盤内のインナーマッスルが目覚める

2 | 骨盤のゆがみが解消する

3 | 股関節と仙腸関節の可動域が広がる

4 | 骨盤が引き締まる

お尻の外側だけでなく骨盤ごと整うから、短期間で確実にペタ腹＆下半身やせがかなうというわけです。

そのために必要なお尻筋伸ばしはたったの4種類。ゆがみや硬さの度合いによって個人差はありますが、1～2週間で体が変わるのを感じられるでしょう。

骨盤は、同じ姿勢をとり続けるとゆがみやすいもの。朝起きてすぐや、一日デスクワークをした夜などに行うと、ゆがみを寄せつけません。本来あるべき位置に戻り筋肉がきちんと働くので、美しいボディラインへと整っていきます。

＼お尻筋伸ばしで起きる／

4つの変化

1 骨盤内のインナーマッスルが目覚める

骨盤の奥にある、大腰筋と腸骨筋が働くようになります。骨盤が安定するうえ、大殿筋や中殿筋などアウターマッスルにも内側から刺激します。

2 骨盤のゆがみが解消する

正面から見たときに左右のどちらかに傾いている左右のゆがみ、反り腰や猫背の原因になる前後のゆがみなど、さまざまなゆがみを正します。

3 股関節と仙腸関節の可動域が広がる

骨盤そのものは動きにくいのが特徴。骨盤に接している股関節と仙腸関節の可動域が広がることで、骨盤まわりの筋肉もほぐれていきます。

4 骨盤が締まる

骨盤まわりがほぐれてインナーの筋肉が使えるようになれば、骨盤が締まりやすい状態に。さらに骨盤を引き締める動きで、ぐいぐい引き締めます。

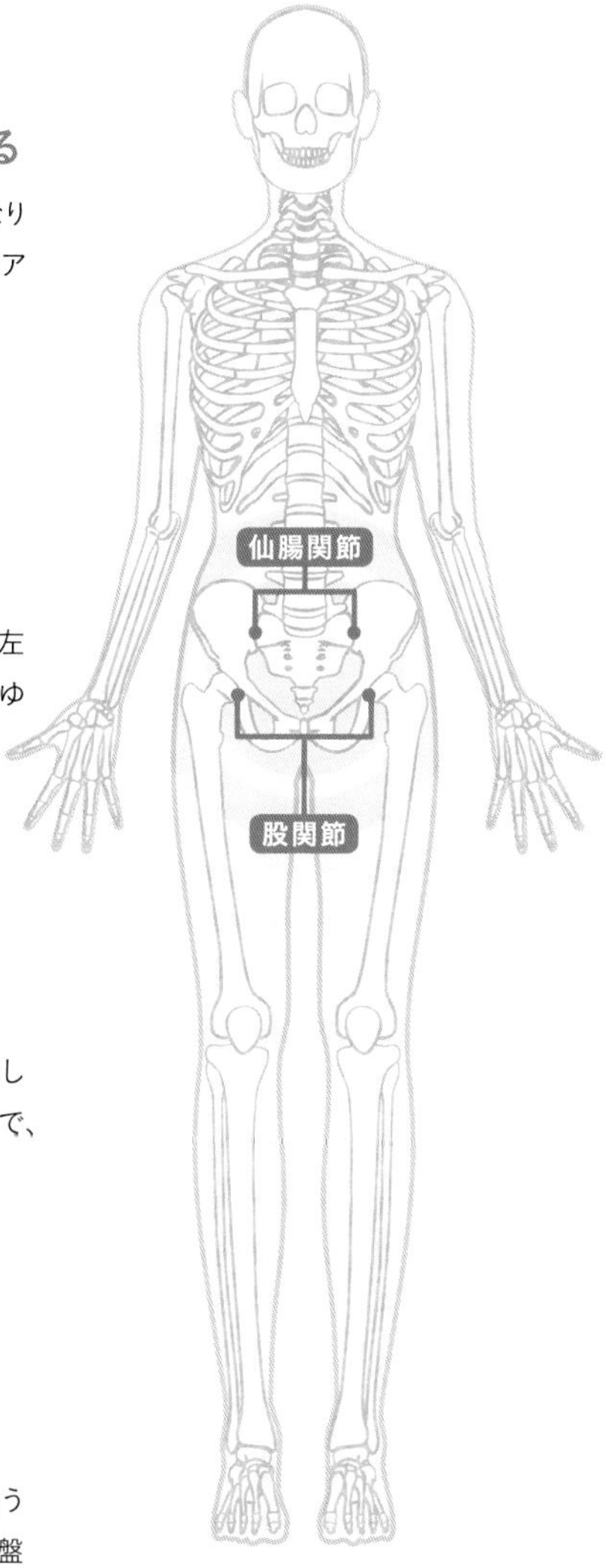

骨盤とは上半身と下半身をつなぐ、お尻まわりを支える骨群のことです。

お尻筋伸ばしを
始まる前に

お尻筋伸ばしを効かせるコツ

お尻筋伸ばしの成果を早く出すには、意識する場所を明確にすること。また、呼吸を丁寧に行うことが大切です。

1 効かせたい場所＆引っ張り合いの力を意識する

自重を生かして整体するお尻筋伸ばし。整体師さんの手の代わりとなるのが、反対方向に引っ張り合う力です。本書では効かせたい場所を黄色、引っ張り合う方向の矢印を緑で示しています。この2つを常に意識しながら動きましょう。

2 動きと呼吸を組み合わせる

4秒かけて息を吸い、8秒かけて吐くのが、お尻筋伸ばしの呼吸の基本。息を吐けば、関節がほぐれやすく、筋肉が伸びやすくなります。苦しいと無意識に息を止めがちですが、そこで吐きながら伸ばすことでほぐし効果が高まります。

大きく動かそうとしない

体を安定させようとするときに、深部の筋肉が働きます。大きく動くとアウターの筋肉が使われ、インナーの筋肉を動かすことができません。筋肉や関節をほぐすため体を動かしますが、その動きはごく小さくてOKです。

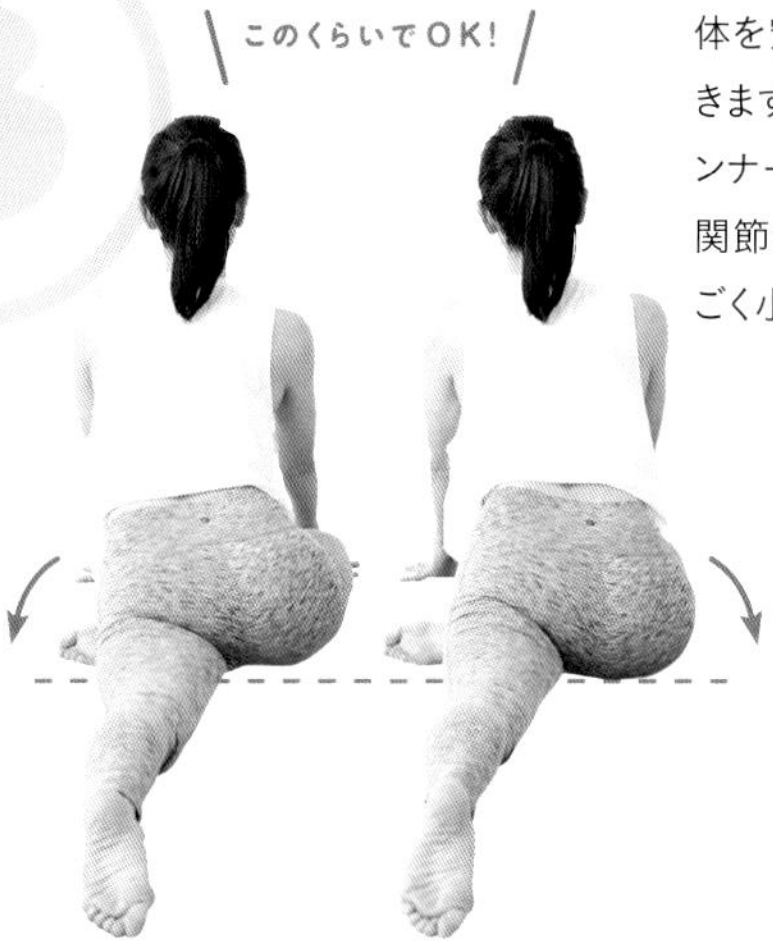
このくらいでOK!

左右差を
なくしていくの

やりにくい側を多めにやる

体にゆがみがあると、同じ動きのうち片側だけやりにくいことがあります。左右同じ回数をやった後で、やりにくいと感じた側を追加しましょう。多く伸ばすことで、ゆがみを矯正できます。

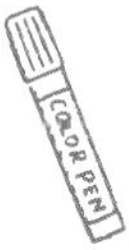
COLOR PEN

動きのイメージをふくらませる

私はレッスンで「お尻を1グラム重く感じて」「しっぽを立てるように」など、動きを想像しやすい声がけをしています。本書にもその「Image」を入れました。イメージを持つことで、効かせたい場所への刺激が倍増します。ぜひ活用してください!

イメージが
大切!
ピーーン

息をするだけで
やせていく

基本の呼吸法

お尻筋伸ばしの呼吸法を覚えるために、体を動かさず呼吸のみに集中してやってみましょう。

やり方は、壁に背面をつけて両足を一歩前に出し、呼吸するだけ。体を一切動かさないことで、インナーマッスルを優位に働かせることができます。

数回呼吸すると、ほどよく体が疲れるはず。それがインナーマッスルが動いた証拠。お尻筋伸ばしでは常にこの呼吸を意識します。

スゥ〜
肩を上げない
下腹部は
へこませたまま
かかとに体重を乗せる

1 4秒かけて息を吸う

背面を壁につけて立ち、両足を一歩前に出します。4秒かけてゆっくり息を吸いましょう。このとき頭を引き上げるイメージを持ちます。

NG

頭を下げない

2

8秒かけて息を吐く

引き上げた頭をキープしたまま、ゆっくり8秒かけて息を吐きます。みぞおちがへこむのを感じ、おなかで壁を押しましょう。

横座りお尻筋伸ばしで

骨盤内の筋肉を目覚めさせる

骨盤の中にある腸腰筋＆腸骨筋を刺激する動きです。コツは、腰とお尻自身の筋肉で、お尻を引き下げること。2つの筋肉は大腿骨につながっているので、太ももの大腿骨が股関節にハマりこむような感覚があれば正解です。お尻を下げる動きの反対ベクトルは、頭を引き上げる力。頭を引き上げることで骨盤が前後に傾きにくく、正しい姿勢をとりやすくなります。股関節のほぐしにも効果抜群です。

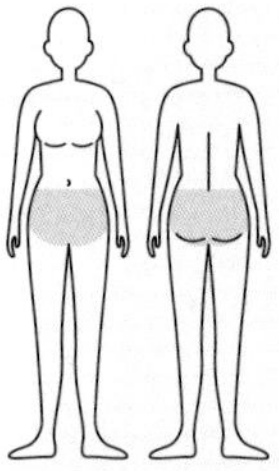

ここを刺激！

骨盤内のインナーマッスル

股関節

1 横座りになる

ひざを左にパタンと倒して座ります。このとき左足を右太ももの下に入れないよう注意。足裏を右太ももにつけます。

人にやってもらうと……

骨盤内の筋肉を刺激するには、そけい部や腸骨筋をマッサージでほぐします。

肩を下げない

2

右のお尻を床につける

息を吐きながら、浮いている右のお尻を床に近づけます。頭と首を上に伸ばし、座骨を立てること。反対側も同様に行います。

左右各3～5呼吸

四つばいお尻筋伸ばしで

骨盤の前後ゆがみ&仙腸関節をほぐす

腰を反らせて仙腸関節を刺激しやすい状態に。頭とお尻で引っ張り合う力でほぐしつつ、骨盤の前後のゆがみを矯正します。「お尻のしっぽを立てる」とイメージすると、腰を反らせた姿勢をキープしやすいはず。ひざを外に開くことで股関節の可動域も広がります。仙腸関節付近にある多裂筋は、動かしにくい特性が。前後左右に小刻みにお尻を動かすことで刺激でき、筋肉が温まってきます。

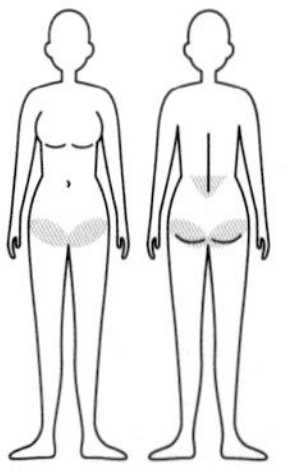

ここを刺激！
仙腸関節
股関節

1 四つばいになる

両手、両脚を床につき、ひざを外に大きく開きます。手は頭より前につき、足指は床につけて踏ん張ること。背中を丸めず、腰を少し反らします。

しっぽを
立てて！
ピーーン

Image

人にやってもらうと……

足を開脚したうえで、腰の反りをサポートしながら腰を押し下げます。

2

お尻をかかとに近づける

息を吐きながらお尻をかかとに近づけていきます。頭を元の位置にキープして、お尻と頭で引っ張り合うことを意識。そのまま前後左右にお尻を小さく揺らします。

3〜5呼吸

NG 背中を丸めない

頭の位置をキープ
フゥ〜

前後開脚お尻筋伸ばしで

骨盤の左右ゆがみ&股関節をほぐす

写真2のポーズだと左はそけい部が伸び、右はお尻の筋肉が縮んでいます。股関節が硬い人は、お尻を揺らして床から浮いたときに痛みを逃がすのがコツ。余裕がある人は、前足のかかとを体から離してみて。1cm前にするだけで負荷が高まります。骨盤が台形に広がっていると、後ろ足のかかとが内側に入り小指が浮きがち。真後ろに脚を伸ばし小指まで床につけると、大腿骨が股関節に入ります。

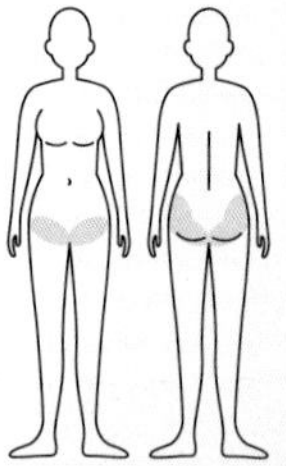

1

正座して床に手をつく

正座します。続いて上体を倒し、手を頭の少し前につきましょう。

膣を床に
近づけて!
Come on!
Image

人にやってもらうと……

ひざを外側に開いた体勢でひざを押したり回したり。股関節を動かします。

2

左脚を後ろに伸ばす

左脚を後ろに伸ばし右脚はひざを外に開きます。そのまま息を吐きながらお尻を下げ、骨盤を床と平行に。続いてゆっくりとお尻を左右に振ります。反対側も同様に行いましょう。

左右各3〜5呼吸

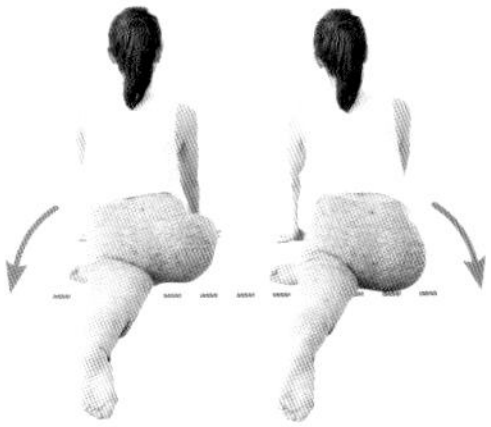

右のお尻を床から浮かせたりつけたり、ゆっくり動かします。

フゥ〜
小指まで床につける

ブンブンごま風お尻筋伸ばしで

骨盤を引き締める

左右にひもを引っ張り、真ん中の厚紙を回すブンブンごま。それと同じように、体を上下に引っ張り、骨盤を安定させながら回転させる動きです。床につけた手とひざを支点に、太ももから首筋まで、背面全体をひねりながら伸ばします。ひねったまま呼吸することで、骨盤まわりの大腰筋や腸骨筋が横隔膜に引き上げられます。その作用で骨盤がギューッと引き締まり、くびれも出現します。

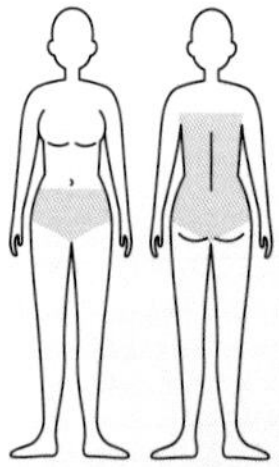

1

ひざを倒し お尻を浮かせる

立てひざで座ったところから両ひざを左に倒し、両手を後ろにつきます。続いて左のお尻を体の真ん中へとズラし、右のお尻を浮かせましょう。

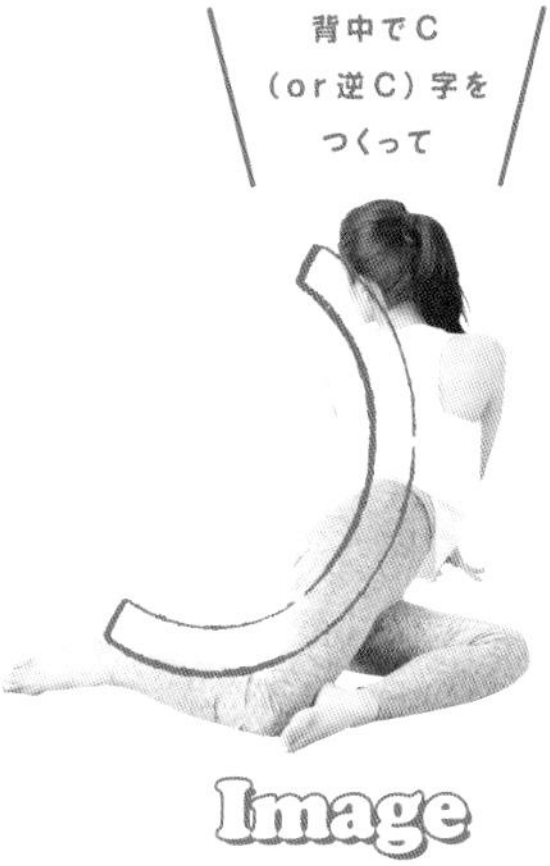
背中でC
（or逆C）字を
つくって
Image

人にやってもらうと……

横座りになった姿勢で腰を持ち、腰をひねる動きをサポートします。

2

両手を後ろにつき体をひねる

右手を床から離し、体の上を通して左手の横につけます。床についているひざと手がそれぞれ引き合って、腰まわりがギュッとひねれていることを感じ、息を吐きながらキープ。反対側も同様に行います。

左右各3～5呼吸

目線は右足のかかとに
BUN BUN Goma
ブーン
ブーン
ひざで床を押す

整ったお尻＝筋肉がしっかり働き関節がよく動く　お尻

お尻の筋肉が怠けると、おなかや下半身が太るメカニズムを、もう少し詳しく解説しましょう。
まずは、おなかが太る理由。お尻がきちんと働かないと股関節やそけい部も硬くなります。そけい部が固く縮めば、おなかは緩み、常に力が抜けた状態になるのです。怠けグセがついているおなかは、腹筋運動をしても刺激がきちんと届きません。もし頑張っておなかやせできても、筋トレをサボれば即、脂肪が逆戻りするのです。
一方、お尻が怠けて下半身が太るのは、筋肉の使われ方がアンバランスになるから。重心が前にかかりがちになるために、前ももの負荷が大きくなります。また、お尻が怠けている人は歩いたり走ったりするときに、横ブレしやすいのが特徴。それを支えようと、外ももも発達します。前もも

お尻が衰えると下半身が太るのは
筋肉がアンバランスになるから

お尻を使っていないと前ももと外ももでお尻のサポートをしようと筋肉が張ることに。一方、内ももと裏ももは使われず脂肪がつき、お尻と太ももの境目や、左右のもものすき間がなくなり、下半身が太くなります。

お尻が衰えるとおなかが太るのは
そけい部が縮むから

お尻の筋肉が働かないと股関節の可動域が狭まって硬化し、そけい部が縮んでしまいます。するとおなかに力を込められず、おなかの筋肉は常に緩んだ状態に。その結果、脂肪がついてしまいます。

と外ももが張りやすく、内ももと裏ももには脂肪がつきやすいというのは、スラリとした美脚と真逆の状態。お尻を刺激してあげれば、裏ももと内ももを、きちんと使えるようになります。

お尻を整えない限り、おなかやせや下半身やせの効率は悪く、元に戻るリスクを抱え続けることになります。やはり、お尻を整えるのが先決です。

目指すお尻の条件は3つ。1つ目は大殿筋や中殿筋といったアウターマッスル、そして奥にある大腰筋や腸骨筋などのインナーマッスルがしっかりと働くこと。2つ目は股関節や仙腸関節といった、骨盤とつながる関節が大きくしなやかに動くこと。3つ目は骨盤にゆがみがなく、適度に引き締まっていることです。これらの条件が整えば、プリッと立体的なお尻になってきます。

あえて動かないことがカギ！ 支点を安定させれば効き目は大きくなる

お尻筋伸ばしでは、「伸ばす」と同時に、逆方向の「押さえる」力を働かせることで、お尻まわりの関節や筋肉を刺激します。効き目を高めるには、大きく動かすよりもむしろ動かさないことが肝心。

というのも、支点となるべき場所が動いてしまえば、動かしたい筋肉の活動量（＝筋活量）は、落ちてしまうからです。

お尻筋伸ばしで動かそうとしているのは、これまで眠っていた筋肉です。脳はなるべく合理的に動こうとします。そんな脳の特性から私たちの体は動かしやすい筋肉を使うのが好きなので、眠っていた筋肉はなかなか動いてくれません。そのうえ支点が動いてしまえば、狙った筋肉の活動量は低いまま。すると動かしやすい別の筋肉を使う、

支点がブレれば筋活量は落ちる

お尻筋伸ばしで大事なのは、支点をいかに動かさないかということ。動かしたい筋肉といっしょになって支点がブレてしまえば、狙っている筋肉の活動量は小さくなってしまいます。

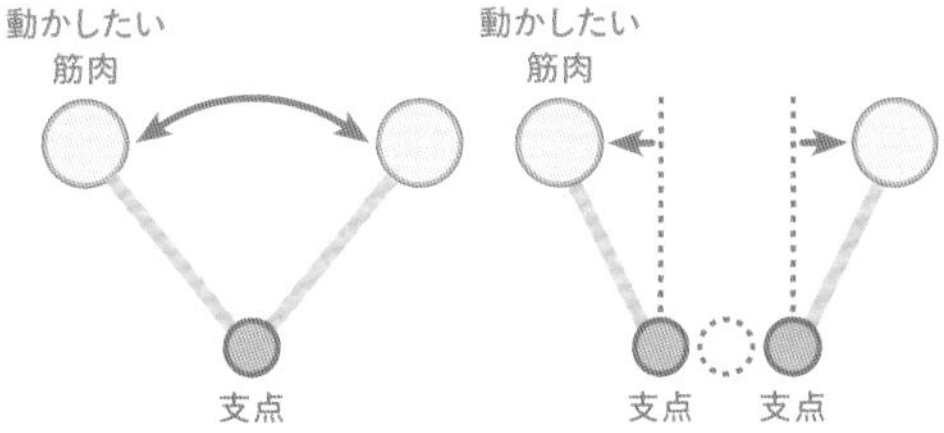

動きが小さい方が効いている

右のポーズは浮いている右のお尻を下げることで、骨盤内の筋肉を刺激するのが狙い。安定させておきたい肩が下がってしまうと、骨盤への刺激は激減します。

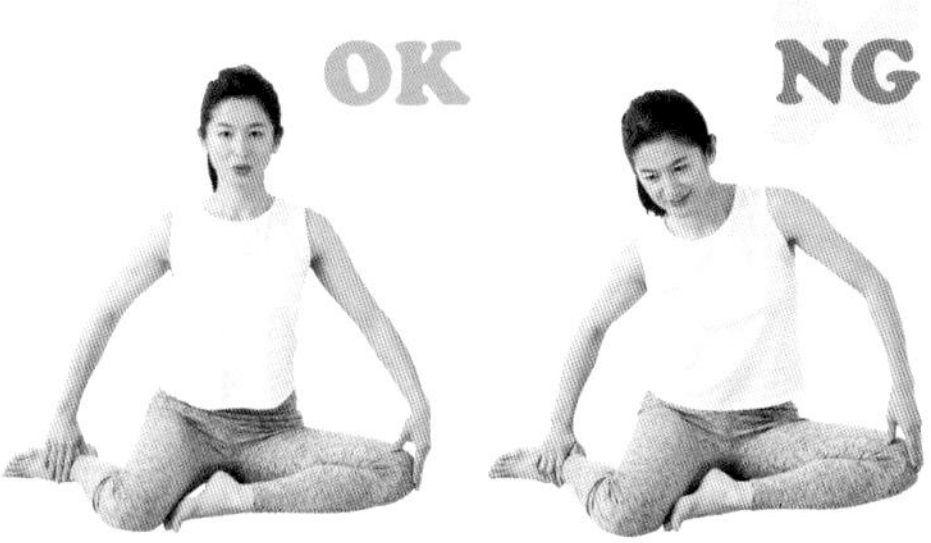

代償動作を起こしてしまいます。

ダイナミックに動くほうが効果がありそうに思えますが、安定性を落としてまで動くことに何の意味もありません。代償動作を起こしてまでエクササイズするぐらいなら、やらないほうがマシ。一度休んでポジションを立て直し、正しい姿勢で数回やるほうが、よっぽど効果は高いのです。

私のレッスンでも、生徒さんたちには「肩を落とさずにお尻を重く」「肩甲骨を床につけたまま腕を上げて」など、動きを制限させることを大切にしています。本書で示している注意書きの多くも、支点を安定させるためのもの。ブレていた支点を安定させれば、見た目の動きは小さくなりますが、効かせたいところに対する負荷はグンとアップ。それが自分でできる整体になるのです。

お尻筋伸ばしで動かすのは股関節と仙腸関節

お尻筋伸ばしで刺激したい場所の一つが骨盤です。骨盤は背骨の起点であり、太ももの大腿骨とつながる場所。骨盤がゆがんだり緩んでいれば、背骨と脚を通じて、全身に悪影響が及んでいきます。骨盤は骨格の要。全身の支点なので、骨盤そのものは動きにくい構造になっています。そこでお尻筋伸ばしでは、骨盤につながる股関節と仙腸関節を動かして骨盤を刺激していきます。

体をはさみに例えるなら、股関節など骨盤の関節は中央のねじ部分。ねじがユルユルでは切りにくいですし、サビついて動かなければ力を込めないとはさみを動かすことができません。はさみ（＝手脚）をスムーズに使うためには、ねじ（＝関節）が滑らかに動き、なおかつ適度に引き締まっている必要があるのです。

股関節と
仙腸関節を動かす

骨盤そのものを動かしたり引き締めたりするのは難しいですが、股関節と仙腸関節は動かすことができます。2つの関節を動かすことで、骨盤のゆがみや開きを調整していきます。

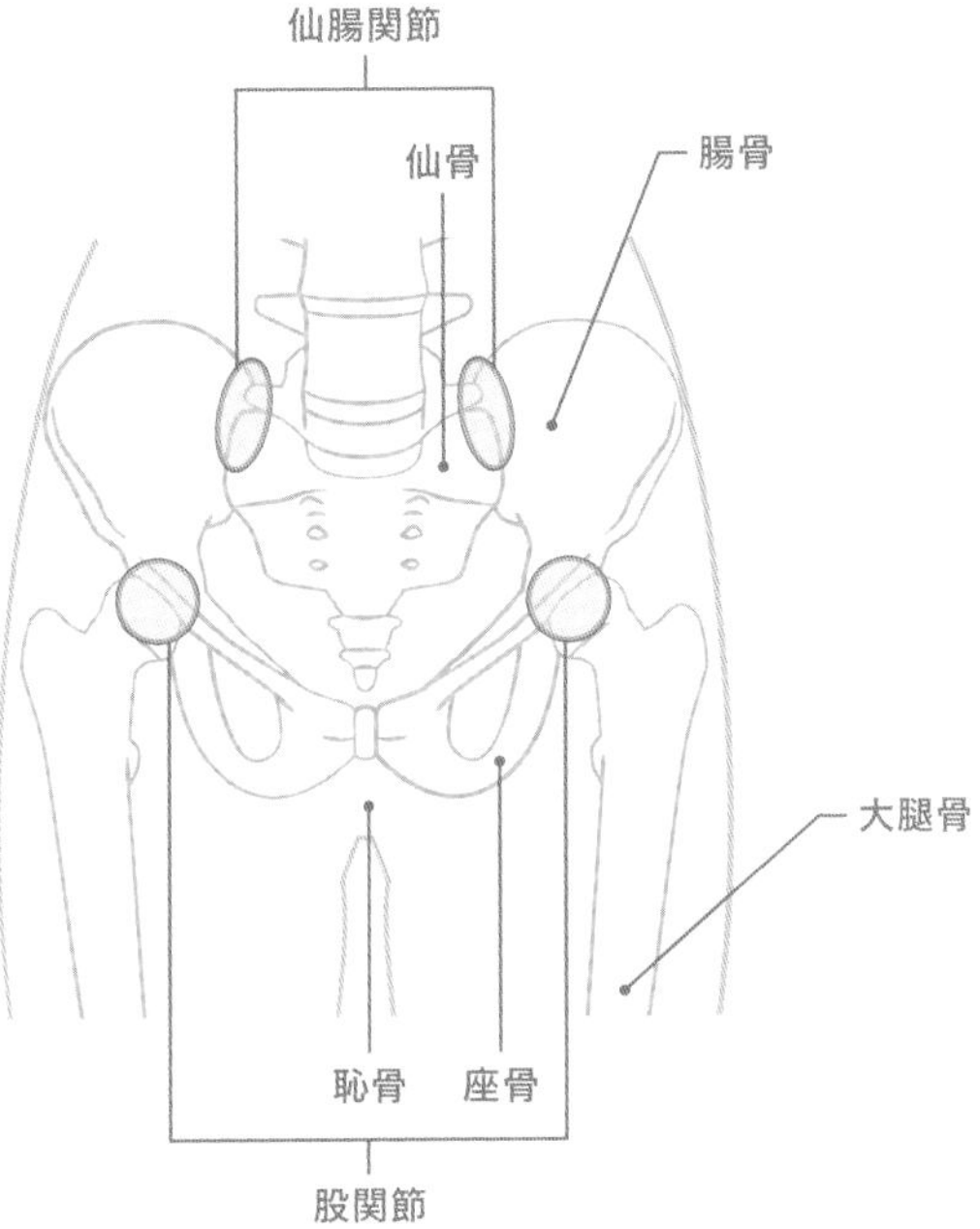

股関節は全身の関節の中でも最も大きく、股関節まわりについている筋肉も大きいのが特徴。股関節の可動域が大きければ、周囲の筋肉を使いやすくなり、筋活量も増えていきます。反対に、股関節が硬く動きが悪いと、ほかの筋肉が代償動作を起こしやすくなるのです。

仙腸関節は、背骨をたどって一番下にある仙骨という三角形の骨と、腸骨をつないでいる関節です。非常に動きにくい関節で、1~2ミリ程度しか動きません。ですから、仙腸関節まわりの筋肉は小刻みな動きに反応しやすくなります。お尻筋伸ばしでは、お尻を小さく前後左右に動かすことで、仙腸関節にアプローチしていきます。仙腸関節が動くようになると背骨が整いやすく、背中の脂肪もみるみる落ちていきます。

深層筋を刺激すればアウターにも勝手に効いていく

お尻筋伸ばしで動かしたいのは、大腰筋や腸骨筋などの深層筋（インナーマッスル）です。股関節や仙腸関節を動かすのも、関節に付着しているこれらのインナーマッスルをほぐしたいからです。インナーを狙う理由は、内側の筋肉をほぐせば、その刺激はバランスよく外側に波及していくから。インナーをほぐせば、アウターは意識しなくても自然と鍛えられていきます。それぐらいインナーとアウターは密接に関わり合い、インナーが使えるとバランスよくアウターも鍛えられていくのです。インナーマッスルは小さなジワッとした刺激で鍛えやすく、アウターはダイナミックな動きで鍛えやすいという特性があります。アウターを動かすことに一生懸命になると、脳は満足してインナーは刺激されないままになり、効率が悪くなります。

骨盤まわりのインナーマッスル

お尻筋伸ばしで刺激するのは
骨盤まわりのインナーマッスル

大腰筋、腸骨筋、梨状筋（小殿筋の奥にある）は、骨を安定させるのに働く筋肉。これらのインナーマッスルで支えきれない負荷を、アウターの筋肉に助けてもらう仕組みになっています。アウターマッスルの支点にもなるので、鍛えることでアウターマッスルの筋活量も増えていきます。

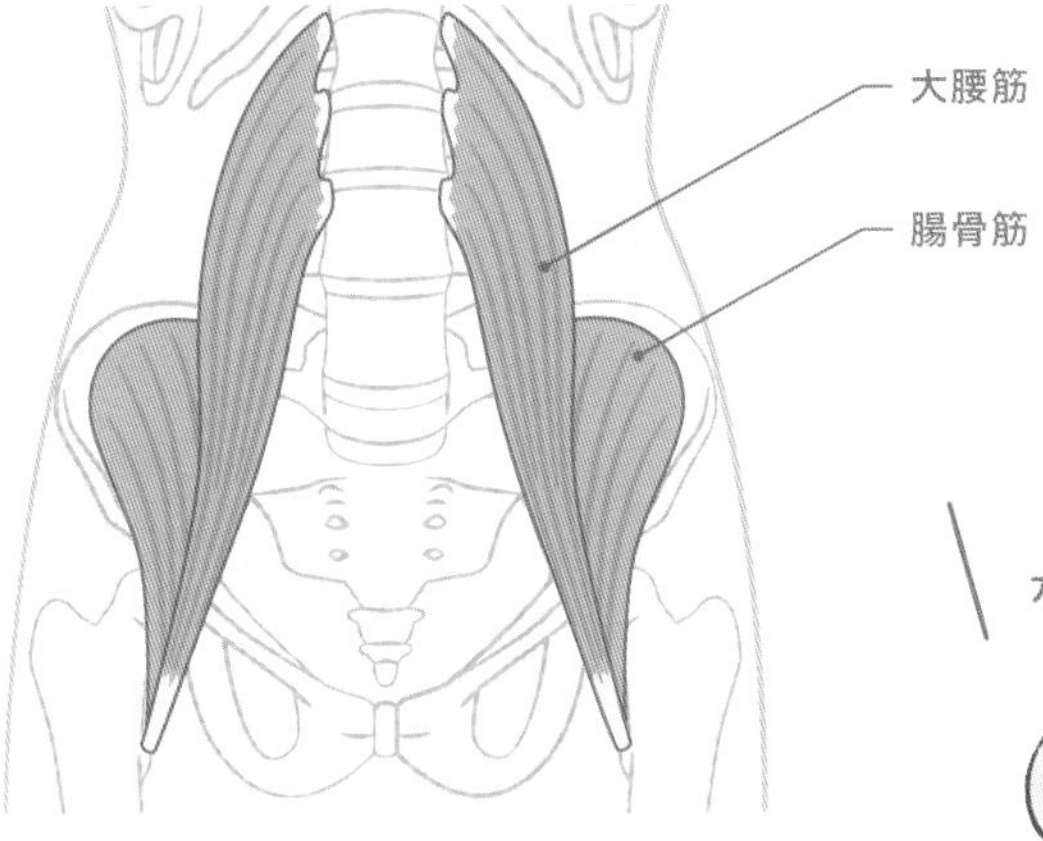

お尻の主な筋肉

小殿筋

骨の近くにあるので、インナーマッスルと同様骨を支える筋肉です。中殿筋を動かすと、連動して動きます。

中殿筋

大殿筋の奥、横尻についていて、骨盤を外側から支える役割があります。脚を外旋させることで動きます。

大殿筋

お尻の中で最も大きな筋肉。脚を前後に動かすのに働き、お尻を整えるガードルのような役割があります。

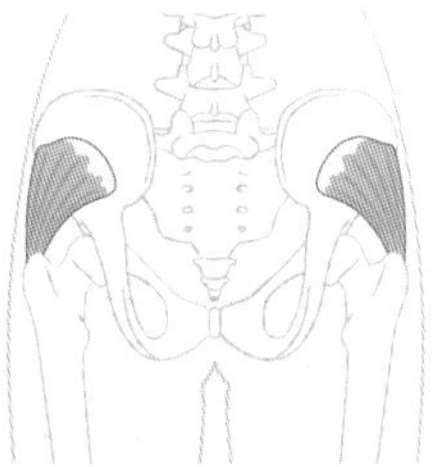

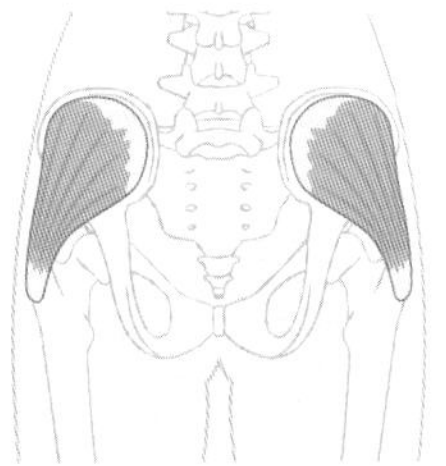

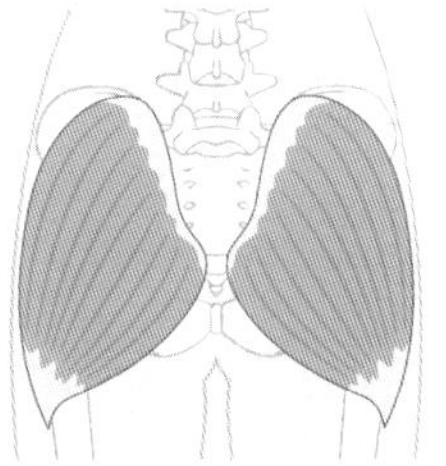

吐く息と組み合わせくびれ&引き締め効果をアップする

お尻筋伸ばしでは、呼吸しながら動くことを大切にしています。というのも、大腰筋や腸骨筋などのインナーマッスルを最も刺激できる方法が呼吸だからです。

息を吸ったり吐いたりできるのは、胸部と腹部を隔てている横隔膜が上下するから。横隔膜が下がって肺が広がると空気が入り、横隔膜が上がって肺が狭まることで空気を吐き出しています。

インナーマッスルの刺激で大事なのは、吐く息です。横隔膜はクラゲの頭のような構造になっていて、息を吐くときに横隔膜が上昇すると、それにつられてクラゲの足である腸腰筋も伸び上がります。このときインナーマッスルが、中央に寄り集まりながら上へと伸びることがポイント。クラゲの足のように、腸腰筋がギューッと中央へ集ま

吐くときにインナーマッスルを内側から引き締める

吐くことで、横隔膜が上がるのにともなって、大腰筋と腸骨筋も伸び上がります。このとき、中央に寄り集まりながら上がることで、くびれ＆骨盤引き締めが促進！

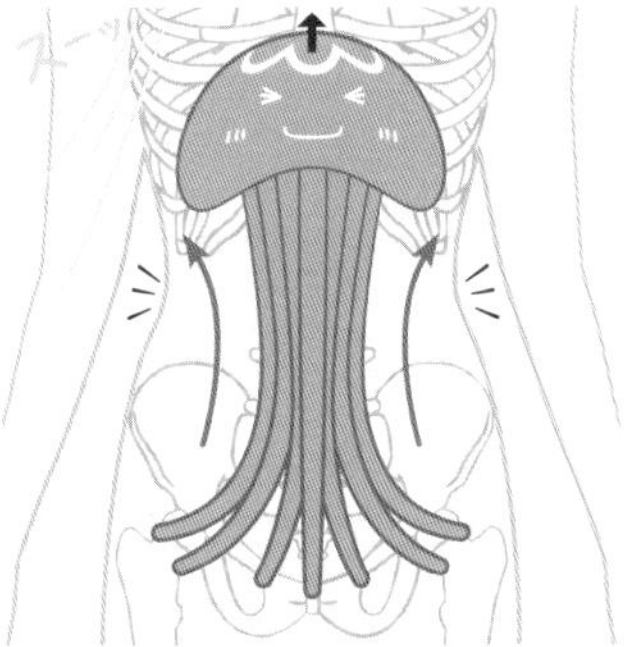

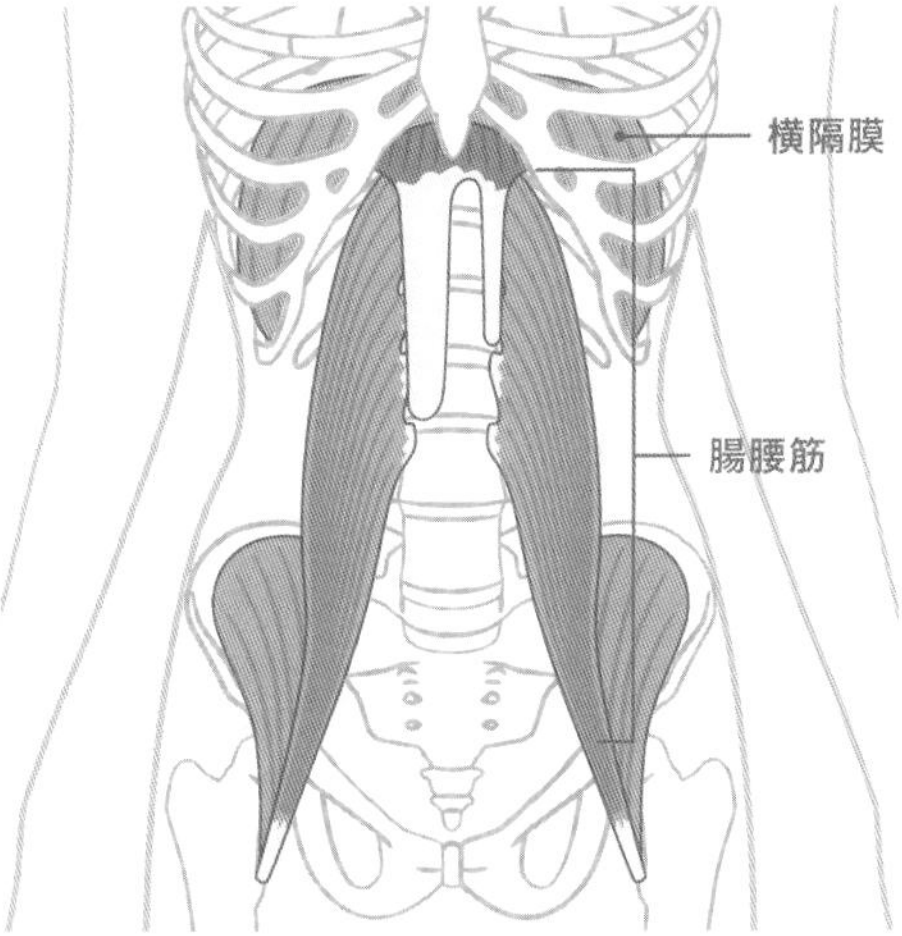

りながら伸びることでウエストにはくびれができ、骨盤が引き締まるのです。

呼吸が浅い人は、横隔膜[*]が1.5〜2㎝程度しか上下動しません。呼吸を鍛えることで、5〜8㎝ほど動くようになり、ウエストがくびれていきます。

呼吸のもう一つのメリットは、筋肉を緩める効果がある点です。ストレッチをするとき、痛みを感じると息を止め、筋肉を硬直させてしまいがち。ここで息を吐けば筋緊張がやわらぎ、痛みを逃がすことができます。筋肉も硬直することなく、しなやかに強化していきます。有酸素運動は呼吸がラクなので、呼吸でダイエットという点では時間がかかります。お尻筋伸ばしは、追い込まれたポジションで止まりそうな息を強制的に吐くメソッド。だから早く結果が出るのです。

＊参考：超音波画像を用いた呼吸筋活動の計測J-Stage

成功体験を脳に植え付ければ倍速でやせていく

体にゆがみが生じていると、お尻筋伸ばしの動きをしたときに、左はやりやすいけれど、右は硬いといった左右差が出てくるでしょう。

私のレッスンでは、まず左右1回ずつやってもらったうえで、やりにくいと感じた側から先に動いてもらいます。続いてやりやすい側を行うと、脳はそれを成功体験としてインプット。「できる」というイメージを持ったまままう一度やりにくい側を行うと、さっきよりスムーズに動くことができるのです。お尻筋伸ばしをするときも、左右同じ回数を行ったうえでやりにくい側を追加すると、左右差のゆがみを調整しやすくなります。

このように脳の特性をうまく使うことは、ダイエットにおいてとても大事。なかなかやせられない人には「自分はやせられるわけがない」と思い

脳に「できる」とインプットする

やりにくい側をやった後でやりやすい側を行うと、脳は成功体験としてその動きをインプット。「さっきと同じように動けばいい」とわかるので、できなかった動きがスムーズにできるようになります。

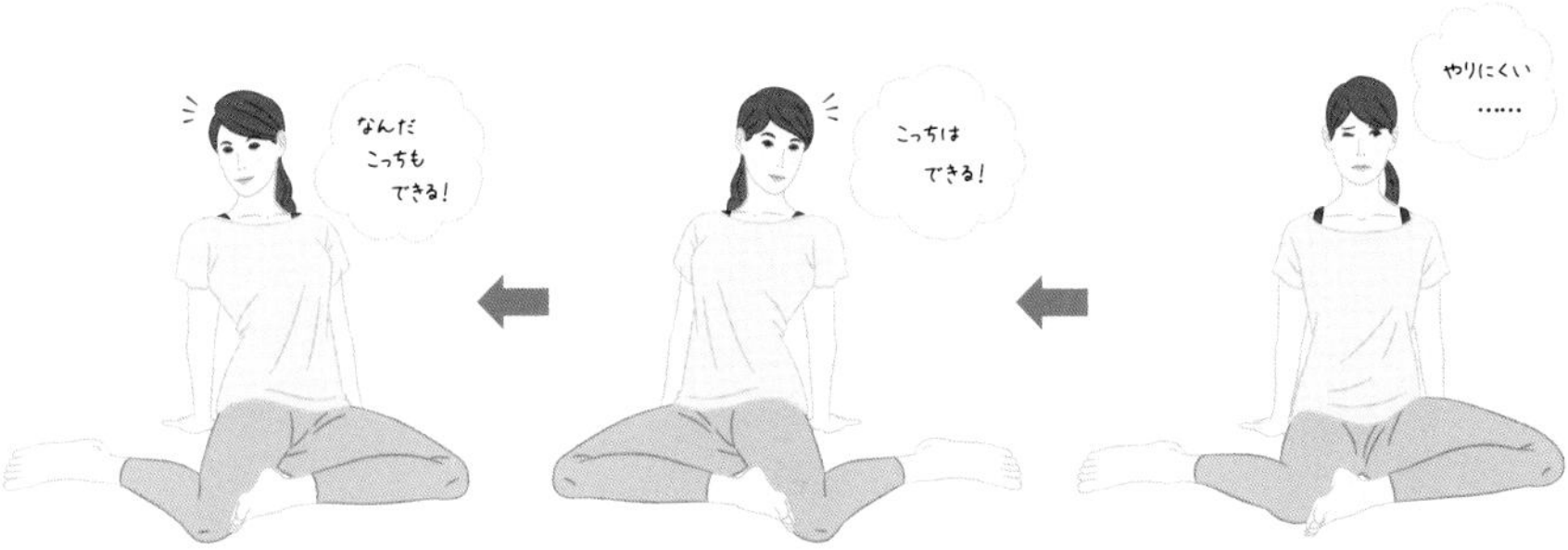

込んでいるという共通項があります。今まで失敗してきた経験がそう思わせるのでしょうが、ネガティブなエネルギーはダイエットの邪魔者でしかありません。無意識のうちに、自分が失敗することを証明しようとするからです。そして実際に失敗すると「やっぱりね」と安心するのです。

レッスンでは、Ｂｅｆｏｒｅの写真を撮ったり、前回できなかった動きができるようになったことに焦点を当て、ネガティブ思考を矯正していきます。自分の成長を客観的に確認して成功体験を重ねれば、「自分はやせられる」と心から思えるようになり、多くの生徒さんがダイエットのスピードも速まって成功していきます。ぜひ、ボディラインやサイズ、動きの変化などを敏感に感じ取り、成功体験をたくさん重ねてください。

Column 2

目標数値の先にいる自分を思い描いて

「10kgやせたい」「骨盤まわりを10㎝細くしたい」など、目標を数値で設定することは、客観的にダイエットの経過を見るために大切です。でも、もっと見てほしいのはその先の自分。「きれいになって人前で堂々と話したい」「太っていて疲れやすく、イライラ育児している自分から抜け出したい」など、なりたい自分を思い描きましょう。そして、実現できたときの感情をイメージするのです。

ダイエットの最終目標は、美Bodyを手に入れることではありません。

なりたい自分や大切にしたい生き方をかなえ、自分には価値があると感じ、自分に自信を持つこと。いきいきと充実した毎日を歩むためにダイエットすると思えば、ダイエットのメリットが明確化。数値の向こうにある自分を追いかけることで、高いモチベーションでダイエットに取り組めます。

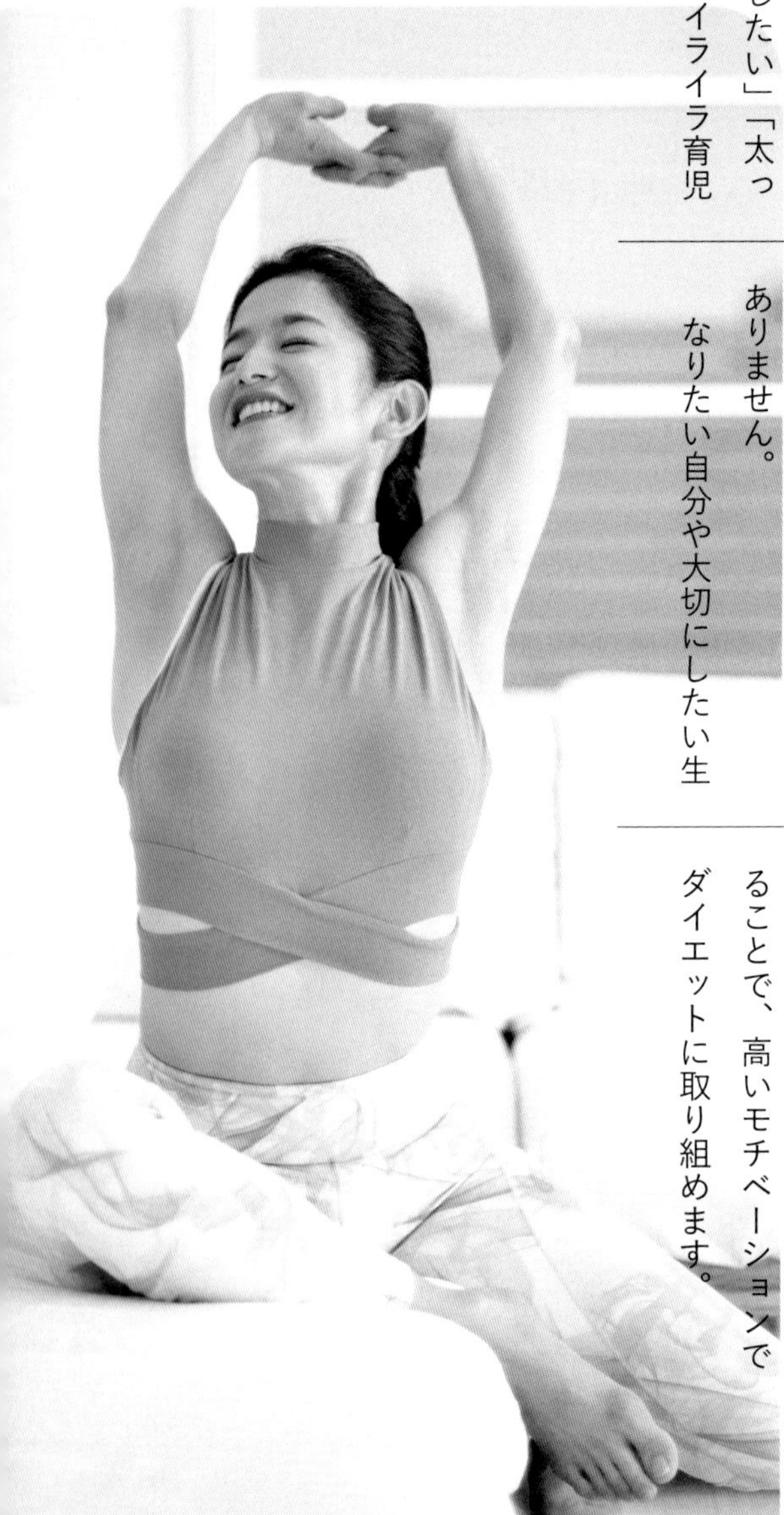

第3章

お尻筋伸ばしで部分やせ&不調改善

お尻を支点に
全身を整える!

お尻筋伸ばしで改善する体&メンタルの不調

肩こり&腰痛が解消

お尻が怠けると背骨がゆがみます。その結果、背中の筋肉が怠け、その分肩の筋肉で頭の重さを支えるといったアンバランスが発生。頑張りすぎている肩や腰の筋肉が痛むのです。お尻を整えたら、マッサージ通いをやめられたという人もたくさんいます。

便秘が解消する

骨盤を横から押さえるお尻の筋肉が緩むと、骨盤が広がり内臓が落下。押しつぶされた腸の動きが悪くなってしまいます。お尻筋伸ばしで骨盤を引き締めれば、腸は本来の位置にリセット。腸もスムーズにぜん動運動できるようになります。

疲れにくくなる

お尻筋伸ばしで怠けていた筋肉が働き出すと、筋肉への負荷が分散され、疲れにくくなります。また、筋活量が増えることで、体は疲れていないのに脳が疲れているというアンバランスも解消。睡眠の質が向上します。すると、翌朝は疲れスッキリ!

自己肯定感が高まる

ダイエット中は、「なんで私はあんな風になれないんだろう」など、人と比べて落ち込みがち。お尻筋伸ばしで比べるのは、少し前の自分です。できるようになったことに焦点を当てるクセをつけることで、自分に自信が持てるようになります。

生理痛が軽減する

骨盤が広がって内臓が下垂すると、子宮が押しつぶされ血流が低下。自律神経やホルモンのバランスが崩れ、生理痛や、生理前のイライラなどの不快症状が強く出がちになります。お尻を整えれば子宮の位置が戻り、生理のツラさも軽減が期待できます。

お尻が整えば美Body&不調改善がぐんぐん進む

一生モノのきれいと健康を手に入れて！

体の土台となるお尻を整えると、ゆがみが解消。怠けていた筋肉と働き過ぎだった筋肉の活動量差がなくなり、全身の筋肉がバランスよく使えるようになります。その好影響は、おなか&下半身やせにとどまりません。一部の筋肉に負荷が偏っていたために起きていた腰痛や肩こり、首こりが解消しますし、滞っていた血流やリンパ液の流れが整うことで、冷えや疲労も取れていきます。

また、お尻が整うと気になる場所の部分やせもスピードアップ。というのも、お尻が支点として安定すれば、効かせたい場所の筋活量が劇的に高まるため、効果が出やすくなるからです。

64ページより、部分やせや不調改善に効果的なメニューを紹介します。基本のお尻筋伸ばしと合わせて行いましょう。

お尻筋伸ばしでできる 部分やせ＆不調改善MAP

気になる部分の引き締めや、不調改善にもお尻筋伸ばしは効果的。当てはまるものを選んで行いましょう。

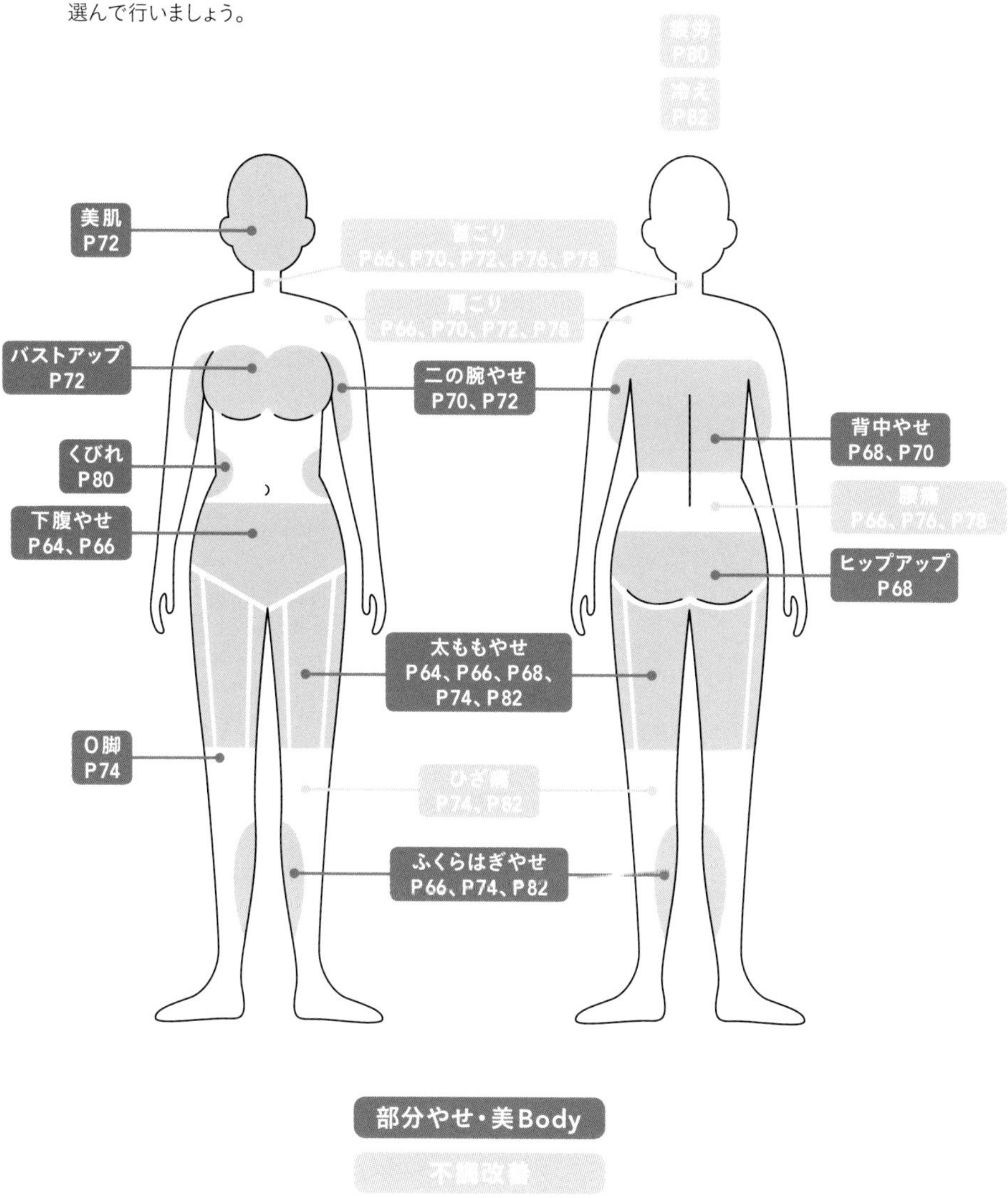
疲労 P80
冷え P82
美肌 P72
首こり P66、P70、P72、P76、P78
肩こり P66、P70、P72、P78
バストアップ P72
二の腕やせ P70、P72
背中やせ P68、P70
くびれ P80
腰痛 P66、P76、P78
下腹やせ P64、P66
ヒップアップ P68
太ももやせ P64、P66、P68、P74、P82
O脚 P74
ひざ痛 P74、P82
ふくらはぎやせ P66、P74、P82
部分やせ・美Body
不調改善

疲れにくく よく眠れるから イライラが激減する

眠っていた筋肉が働き、筋活量がアップすれば、それだけ疲れやすくなると思いますか？ 実はその真逆。筋肉をバランスよく使えるようになると、体は疲れにくくなります。というのも、疲労を感じているのは筋肉ではなく脳だから。

例えば50kgの負荷を50個の筋肉で支えれば、筋肉1つ当たりの負荷は1kgになります。ところが稼働している筋肉が1つしかなければ、その1つで50kgを支えることになるわけです。筋肉の一部であっても、「これ以上の負荷がかかると危険」と判断すれば、脳は全身に「疲れている」という信号を送ることに。すると49個の筋肉が怠けていても、疲労感を覚えるのです。

1つしか働いていなかった筋肉が50個働けば負荷が分散。理論上、今までの50倍動けるようにな

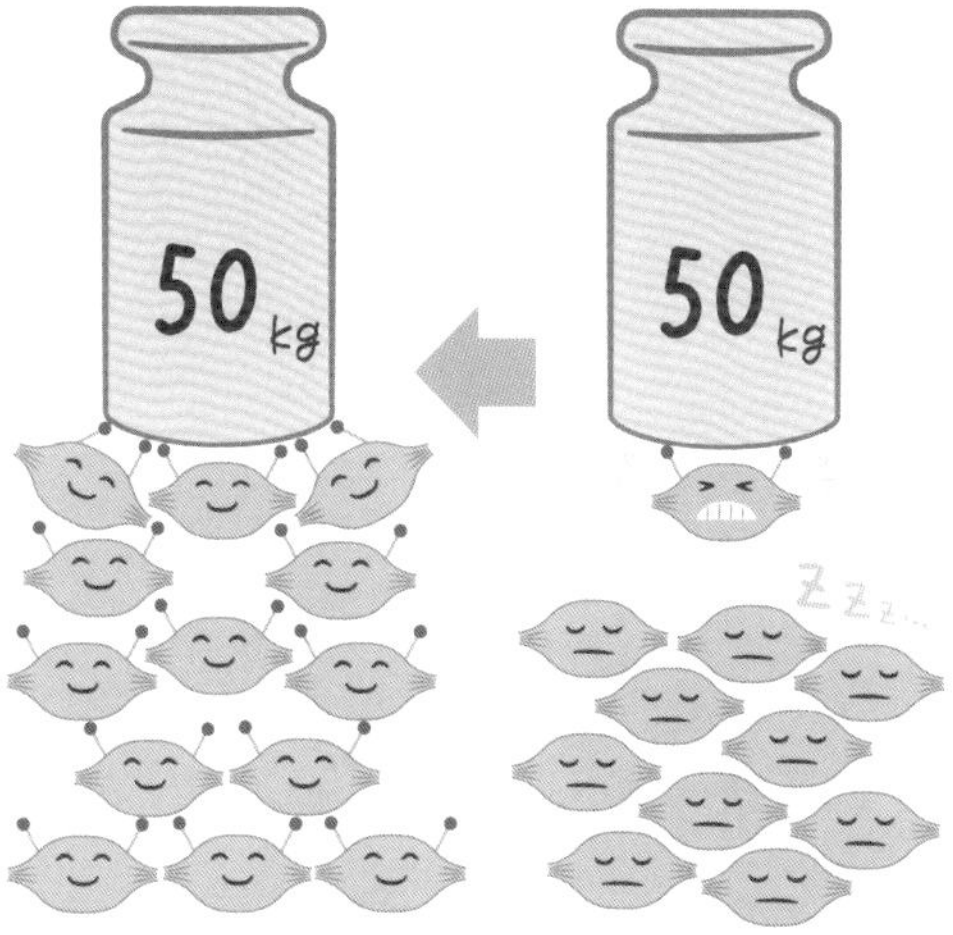

稼働する筋肉が多いほど疲れにくい

筋肉の負荷が高まり脳が危険を感じると「疲れた」という信号を発して、体を休ませようとします。怠けていた筋肉が働き負荷が分散すれば、今までよりずっと疲れにくくなります。

るわけです。

お尻筋伸ばしで全身の筋肉を使えば、睡眠の質も高まります。これまで、脳で感じるほど体は疲れていないため、寝付きが悪かったり、眠りが浅かった可能性があるからです。実際、教室にいらっしゃる生徒さんたちも「スッキリした～」と元気に帰っていきますが、口をそろえて「レッスンの日はよく眠れる」とおっしゃいます。お尻が整うことで内臓が正しい位置に戻りやすく、内臓機能もアップ。血液の循環もよくなります。

寝ても疲れが取れない、疲れのせいでイライラする、便秘がちで肌あれもひどい、いつも体が冷えている……といったレントゲンには映らない不調も改善。あなたが本来持っていた、笑顔や元気を取り戻すことができるのです。

お尻重心で
足を蹴り上げ

下腹やせ

おなかを床に近づける下向きの力と、足を蹴り上げる上向きの力を拮抗させ、下腹と裏ももを刺激します。気をつけたいのは、肩の力で足を引き下ろさないこと。普段お尻が怠けていると、上半身で代償動作をしがち。ひざを曲げればいいだけの動きを、手の力でやろうとしてしまいます。手はあくまでも補助。お尻とおなかに力を込めれば上半身から力が抜け、肩がラクになることを感じましょう。

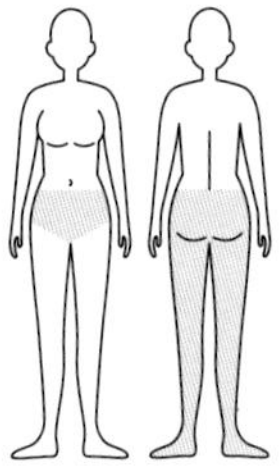

ここを刺激！
下腹
足裏全面

1 足にタオルをかける

あおむけになります。右ひざを胸に近づけて足裏にタオルをかけ、タオルの両はじを左右それぞれの手で持ちましょう。

体を十字に
引っ張るように
Image

人にやってもらうと……

自力で足を上げながら、股関節を押さえてもらうことで、上下に引き合います。

NG 肩の力で下ろさない

2

足を蹴り上げる

息を吐きながらおなかに力を込め、右足をゆっくりと上に蹴り上げます。蹴り上げたとき右足とお尻、頭と左足でそれぞれ引っ張り合う力を感じること。反対側も同様に行います。

左右各5〜7呼吸

フゥ〜
お腹の力で床を押す

お尻を土台に
足を引っ張り

太ももやせ

足先と反対側の腰を引き合うことで、足の背面全体を刺激する動きです。写真2のポーズだと右足先を支点に、左腰、腕、左こめかみで左に引っ張ることで、右脚の股関節や右足裏を伸ばしています。股関節がほぐれて裏ももが刺激されることで、太ももがスッキリ。背骨や首の骨のねじれなど、全身のゆがみも矯正されます。腰を床に近づけようとする動きは下腹の引き締めにも効果大です。

ここを刺激！

足裏全面
背骨
股関節

1

あおむけになり 足にタオルをかける

あおむけになります。右足の裏にタオルをひっかけ、タオルの両はじをまとめて右手でしっかりと握りましょう。

おなかの
テーブルを
水平に
Image

人にやってもらうと……

反対側の腰が浮かないよう押さえながら、ひざを押さえ脚を伸ばします。

フゥ〜

2 脚を伸ばす

息を吐きながら左足を下、左手を真横に伸ばします。顔は左に向け、左のこめかみを床に近づけること。左腰が浮かないようにキープしましょう。反対側も同様に。

左右各5〜7呼吸

背中やせ

お尻と背筋で左右のバランスをとり

足を蹴る力で上体を反らせ、背面の筋肉を刺激します。お尻が使えていないと、右側に倒れることで手足を上げようとしがち。そこを踏ん張り、左右の中心に重心をキープしましょう。左右対称ではない動きでも真ん中に重心をとろうとすることで、お尻と背筋、裏ももに効かせることができます。重心が前に行きたがるのを腕で上げないこと。腕は支えるのみ。蹴り出す力で上半身を引き上げます。

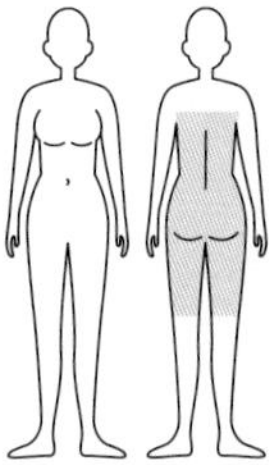

ここを刺激！
背中
お尻
裏もも

1 うつぶせで足首をつかむ

うつぶせになります。左ひざを曲げ、左手で足首をつかみましょう。右腕はひじから先を床につけ、上体を支えます。

突っ張り棒を落とさないよう
背骨の真上にキープ

Image

人にやってもらうと……

うつぶせの姿勢で、手と足を引っ張ってもらい、引き上げる力で背中を反らせます。

NG

右に倒れない

2

足を蹴り出し上体を反る

息を吐きながら足を後ろに蹴り出し、上半身を持ち上げます。このとき体が右に倒れないよう注意。反対側も同様に行います。

左右各3〜5呼吸

フゥ〜

お尻を締めて
重心を前に移し

二の腕やせ

腕を前後に振ったとき、腕が体の前にくると二の腕はプヨプヨします。つまり二の腕を引き締めるには、腕を後ろに引かなくてはダメということ。ところが肩甲骨まわりが硬いと、腕を後ろに大きく引くことができません。肩甲骨まわりの筋膜と筋肉をほぐしつつ、腕を後ろに引く動きを行いましょう。巻き肩や猫背などの姿勢矯正、肩こりや首こり、寝違えの解消にも効き目を発揮します。

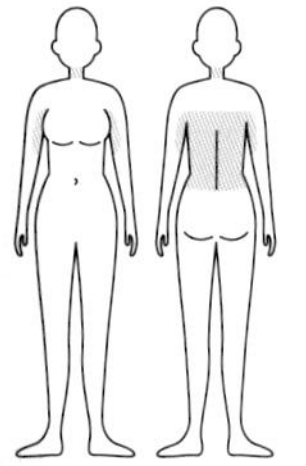

ここを刺激！
二の腕
首
背中全面

1 壁や扉の角に手をかける

壁や扉の角に左手をかけて立ちます。右足を前、左足を後ろに、足を前後に開いておきましょう。

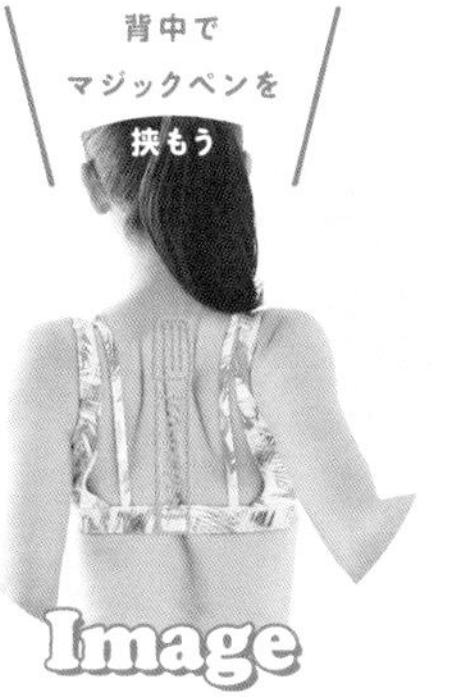
背中で
マジックペンを
挟もう

人にやってもらうと……

背中を押さえながら両腕を後ろに引っ張ることで、肩甲骨をほぐしていきます。

NG

お尻の力を抜かない

フゥ〜

2

手を固定したまま重心を前に

手で角をつかんだまま、前足に体重を乗せて息を吐きながらキープします。肩甲骨が背骨にグーッと寄るのを感じましょう。胸を右斜め前に向けると、さらに肩甲骨が寄ります。反対側も同様に。

左右各3〜5呼吸

お尻を安定させた
タオルストレッチで
バストアップ

上向きのバストをつくるのに大胸筋を鍛えるより効果的な方法は、背中の筋肉をまんべんなく使うこと。ところが肩まわりの筋肉ばかり酷使していて、背中や、背骨まわりなどほかの筋肉を怠けさせている人が多いのです。背中でタオルを縦に引っ張り合うことで、背中の上部をほぐし、下部を鍛えることができます。わきが伸びてリンパ液の流れもよくなるので、美肌効果も期待ができます。

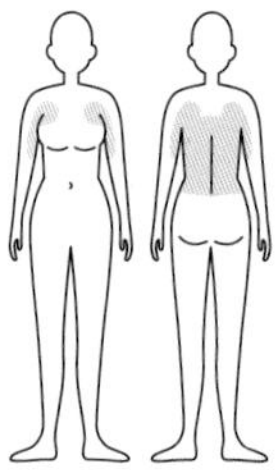

ここを刺激!
背中全体
二の腕
わき

1
タオルを背中に回して持つ

正座をします。このとき頭を上から引っ張るイメージで骨盤を真っすぐ立てること。続いてタオルを背中側に回し、縦にして持ちます。

背中の小人をつぶさないように

Image

人にやってもらうと……

肩甲骨を固定した状態で、ひじを背中側に押し、背中の筋肉を縮ませます。

NG

上の手も
離さないとダメ

目線は正面に
フゥ～

2

タオルを背中から離す

息を吐きながら、両手を背中から離してキープします。このとき「下の手を重く」と意識して、タオルを引き下ろすこと。左右の手を替えて同様に行います。

左右各3～5呼吸

つま先立ちで
お尻を引き上げて

O脚を改善

O脚の人は、ひざが内側に入った状態で股関節が硬くなっています。重心が足の親指寄りになり、小指側が使えていないのも特徴。全部の指に均等に体重を乗せながら、ひざを外に開くお尻筋伸ばしで矯正しましょう。X脚改善にも効きますし、ひざに水がたまりにくくなるのでひざ痛を抱えている人にもおすすめ。背筋の力でバランスをとろうとすることで、背中のムダ肉も落ちていきます。

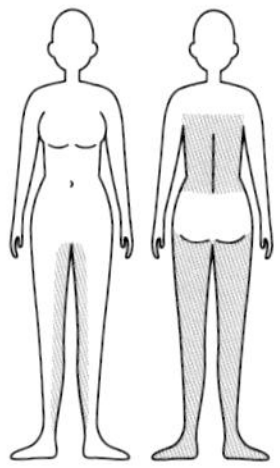

ここを刺激！
脚の内側＆背面
背中

1 壁に手を添えて立つ

壁の前に立ちます。腕は前に伸ばし、軽くひじを曲げましょう。このとき、指先が壁に触れるよう、壁との距離を調整します。

小人が全部の指を
押さえつけているイメージで

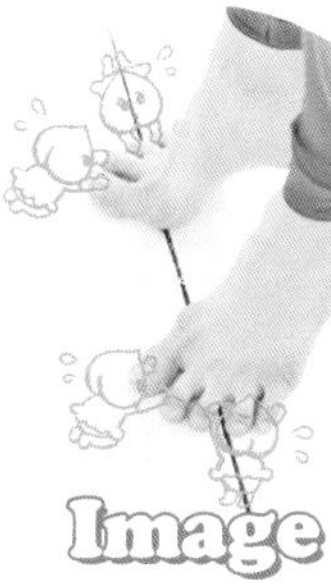

人にやってもらうと……

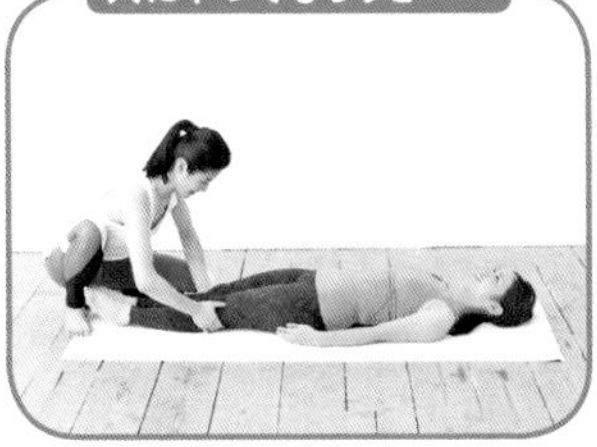

左右の脚を外旋させながら、ひざ同士をギューッと押さえつけます。

2
つま先立ちになる

かかとを上げてつま先立ちになります。このとき左右のかかとは離れようとしますが、できるだけ近づけようと意識。足の全指にバランスよく体重をかけます。股関節の外旋を感じて息を吐きながらキープしましょう。

3～5呼吸

手とお尻で
引っ張り合って

腰痛を予防

腰を丸めるだけだとただのストレッチですが、手の力と拮抗させることで固まった腰をほぐす整体効果を得られます。お尻を横にズラすことで、日常の動作では動かしにくい中殿筋と小殿筋を刺激することも可能に。骨盤の引き締めにも効き目を発揮します。お尻まわりの筋肉のクールダウンにピッタリなので、ほかのお尻筋伸ばしをした最後に取り入れるのもおすすめです。

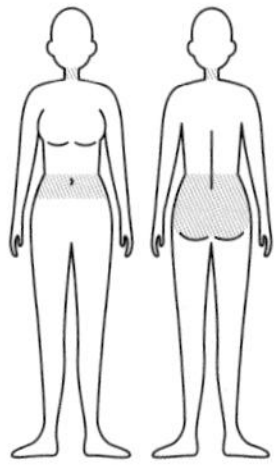

ここを刺激！
腰
お尻
首

1

腰を丸めて腕を伸ばす

正座をして上体を倒し腕を前に伸ばします。深々と土下座をするようなイメージで腰を丸めましょう。

手とお尻で
綱引きする

Image

人にやってもらうと……

土下座をしてお尻をズラした姿勢で、腰を押してもらい背中から腰をほぐします。

2

お尻を落とし
手と引っ張り合う

お尻を左にズラし、それに合わせて上体を右に回します。お尻が床に落ちそうになるのを、手で床を押さえる力で引っ張り上げましょう。お尻の左横が伸びるのを感じて息を吐きながらキープ。反対側も同様に行います。

左右各3～5呼吸

NG　倒し方が浅いとダメ

フゥ～

お尻を倒して背骨をひねり

肩こりを軽減

背骨のゆがみや体側の縮み、肩甲骨の動きが悪いことなどが肩こりの原因です。背骨をしなやかにほぐし体側を伸ばしていきましょう。写真2のポーズだと、左ひざと左肩がねじれて引き合っていることで、背骨のゆがみの矯正になります。手で足先を持ち、円をつくっていることもポイント。円の内側全体が刺激されるので、円を大きくするほど背骨を矯正しようとする力が強くなります。

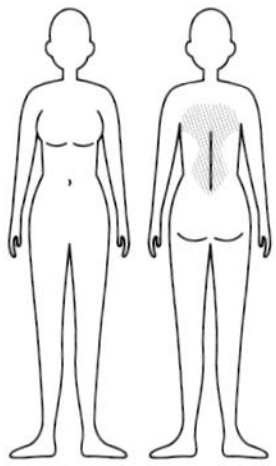

ここを刺激！

背骨
肩甲骨
仙腸関節

1 あおむけになり脚を組む

あおむけになり、両ひざを立てます。続いて左足を右ひざに乗せ脚を組みましょう。上半身はリラックスさせます。

円を大きく

人にやってもらうと……

肩を押さえながら、手でサポートしてお尻をねじり上げ、背骨と肩甲骨をほぐします。

2

下半身を右に倒し背骨をひねる

両ひざを右に倒し、左手で右足先をつかみます。息を吐きながら左ひざを床に近づけましょう。背骨がひねられ、肩甲骨が背骨に寄っているのを感じながらキープ。反対側も同様に行います。

左右各3〜5呼吸

顔は左に向ける
フゥ〜
ひじをつける

お尻を浮かさず
体側を伸ばして

慢性疲労を撃退

疲労の大きな原因は、体のゆがみ。ゆがみのために一部の筋肉に負荷が集中すると、疲れを感じやすくなります。体側を伸ばすお尻筋伸ばしで、左右差のゆがみを解消しましょう。写真2のように体を左に倒して弓なりになれば、右脚が短くなります。それを左脚と同じ長さにしようと意識するのがコツ。股関節からグッと伸び、骨盤の左右差が矯正されます。逆側は縮まるので、くびれ効果も！

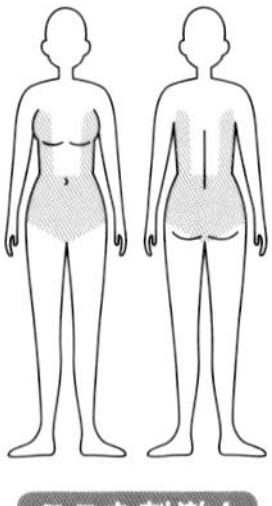

ここを刺激！
体側
骨盤
ウエスト

1

あおむけになる

あおむけになります。体は足先までまっすぐに伸ばすこと。両手を頭の上に上げ、左手で右手首をつかみます。

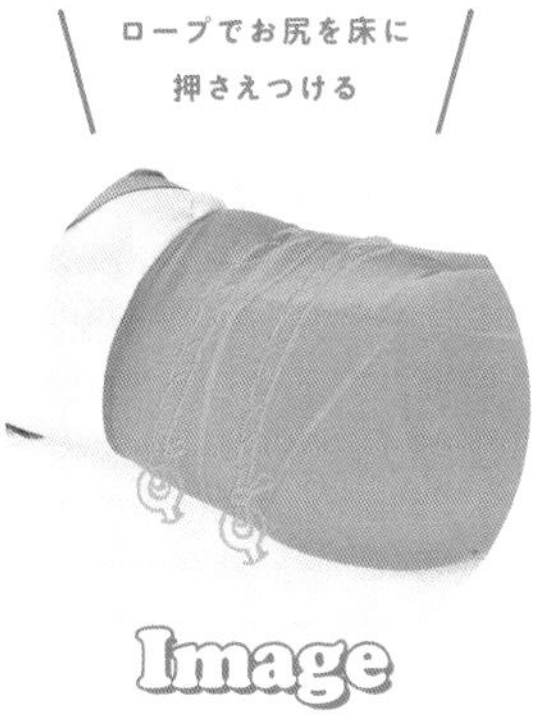
ロープでお尻を床に
押さえつける

人にやってもらうと……

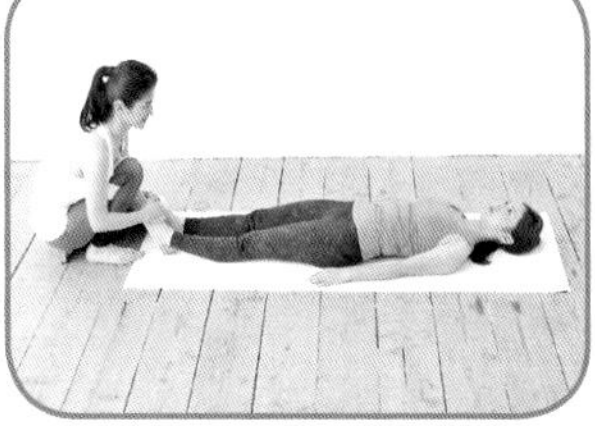

左右の脚の長さをチェック。短い方の脚を引っ張ることで左右差を矯正します。

NG

お尻が浮いてはダメ

フゥ〜

2

全身を弓なりに曲げる

息を吐きながら上半身と下半身を左に曲げて全身で弓なりになります。右脚と左脚の長さをそろえようと意識し、息を吐きながらキープしましょう。反対側も同様に行います。

左右各3〜5呼吸

お尻を締めながら
足先を回して

冷えを取る

足の関節が硬く筋肉を使えないと、足先への血流が滞りがち。冷えが悪化します。足先を大きく回して股関節、ひざ関節、足首を動かしましょう。日常生活では脚を外旋させる動きが少ないので、外側に回します。人にやってもらうときは足先を外へ向けて押さえながら回しますが、代わりとなるのが「小指を重くする」意識。お尻を締めて支点とし、小指を重く感じながら回しましょう。

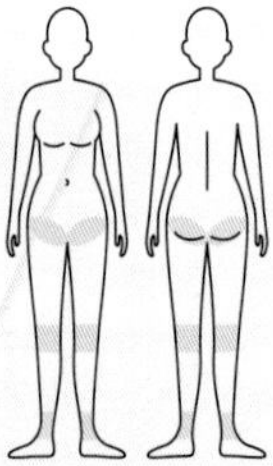

ここを刺激！
股関節
ひざ関節
足首

1
あおむけになり お尻を締める

あおむけになり、足を広げます。お尻に力を込めて引き締め、足先まで力を込めましょう。

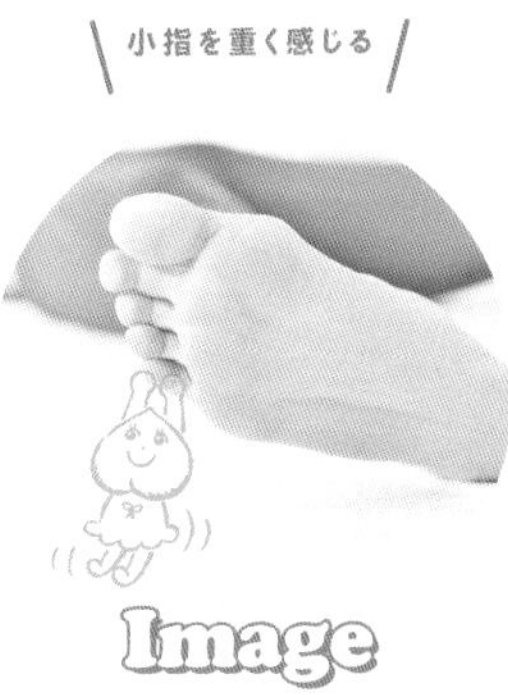
小指を重く感じる
Image

人にやってもらうと……

足先を開いて床に押しつけるなど足首を大きく回し、股関節から動かします。

NG
小さく回さない
股関節から動かす

2 大きく足先を回す

足指をゆっくり外側に回します。足首もひざも動いてOK。股関節がゴリゴリと動くのを感じながら大きく回し続けましょう。

5〜7呼吸

※体験者さんのダイエットは、お尻筋伸ばしと適切な食事指導を組み合わせた結果です。

お尻筋伸ばし体験者 File1

骨盤が引き締まりヒップアップ。ウエスト−12cmでくびれもできた！

H さん【30代・会社員】

お尻がキュッと小さくなり位置も高くなった

身長 156cm

Hさんの成果

	After		Before	
−11.5kg	52.5kg	←	64.0kg	体重
−4.0%	28.0%	←	32.0%	体脂肪率
−12.0cm	70.0cm	←	82.0cm	ウエスト
−12.0cm	94.0cm	←	106.0cm	骨盤まわり

期間
3か月

頻度
週2回
70分のレッスン
＋
毎日すき間時間に
トータル20分

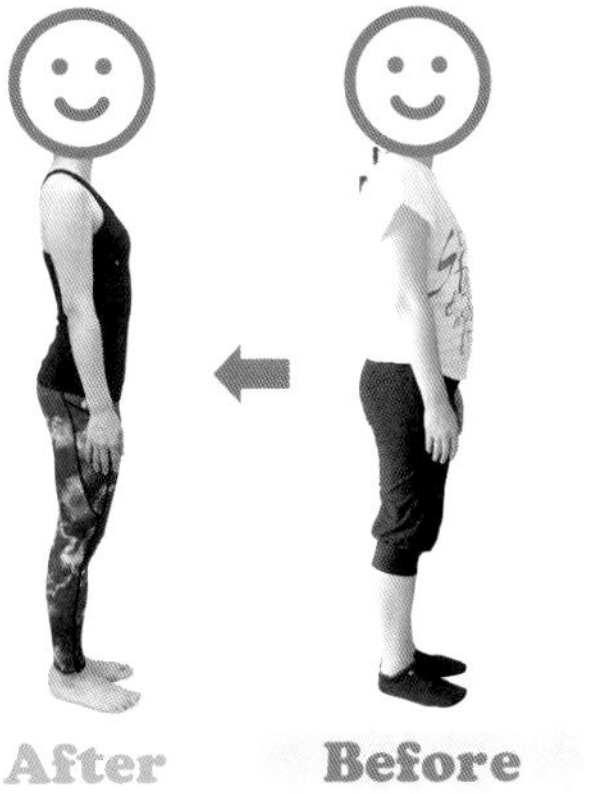

LLのスカートしかはけなかったずんどう体形でしたが、3か月でMサイズに復活しました。

最初におなかの肉から落ちていきました。女性らしいウエストラインをゲット！

産後に体重が戻らず、骨盤も広がったまま。腰骨から上にパンツが上がらなくなり、Ｎａｏｋｏ先生のレッスンに通い始めました。

運動経験がなかったため、股関節をほぐすだけでもひと苦労。教えられた呼吸法もできず、自分の体がどれだけ硬く、呼吸も浅くなっていたのかを思い知りました。とはいえ、『パーソナルレッスン』という単語からイメージしていた、筋トレで追い込まれるような運動ではなかったので、「これでやせるの？」と最初は半信半疑でした。

1か月たつと体に変化が。まず体が疲れにくくなりました。また、腰痛のため常に横向きで寝ていたのが、あおむけで寝られるようになりました。そしておふろで鏡を見て、「おなかの肉が取れたかも」と気づいたんです。

苦手だったお尻筋伸ばしの動きも、少しずつできるように。どこに効くのかを論理的に説明してもらえたおかげで、自宅で行うときも、アドバイスを思い出してコアに効かせる動きができました。

それまでは子育てでいっぱいいっぱいでしたが、「ボディメンテナンスの時間＝自分と向き合う時間」となり、心に余裕もできました。

お尻筋伸ばし体験者 File2

Harunaoさん【30代・会社員】

半年でウエスト−8cm！ 体重−6kg！ 二重あごもスッキリ解消

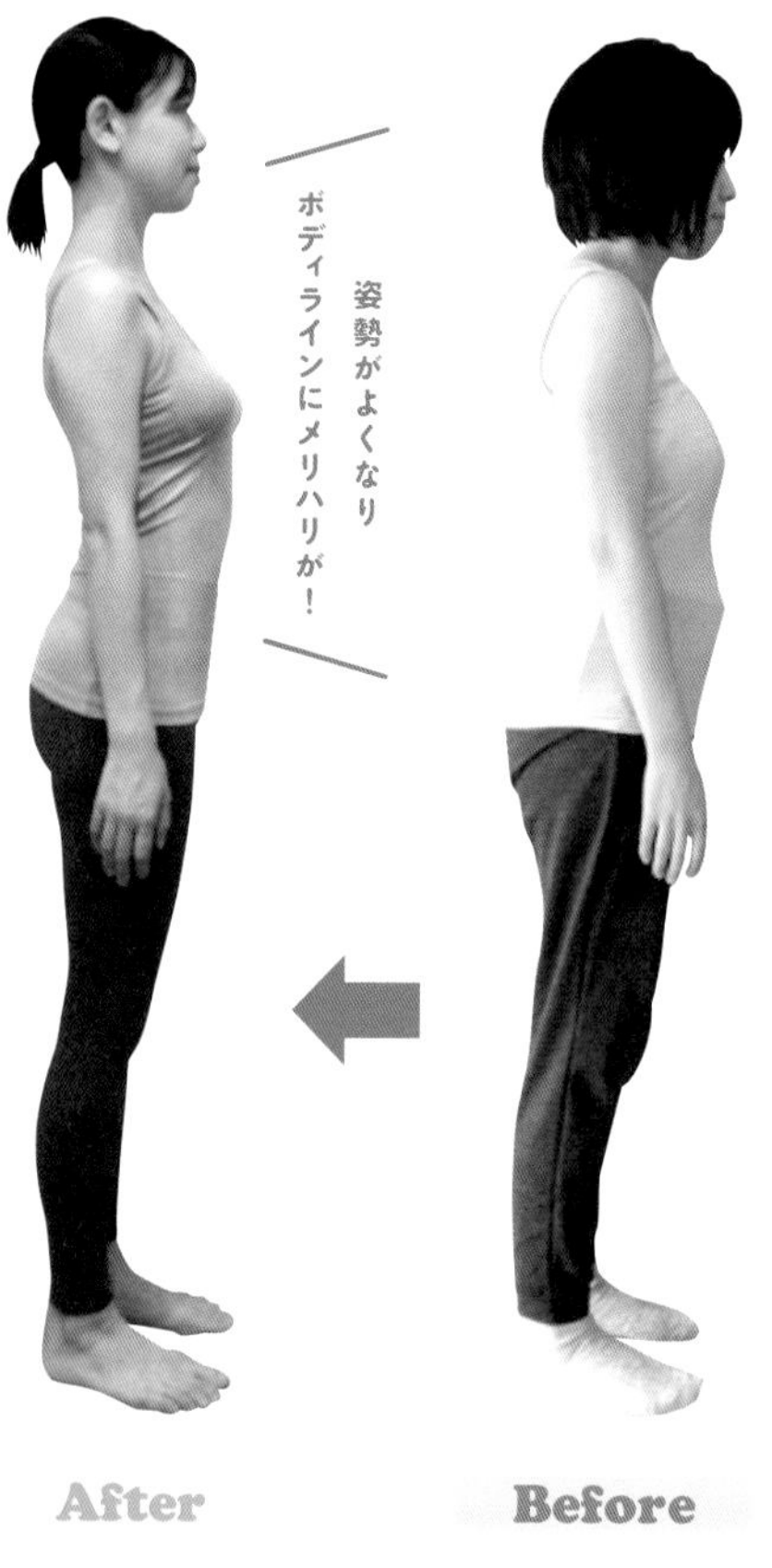
姿勢がよくなり
ボディラインにメリハリが！
After
Before

Harunaoさんの成果

身長155cm

	After		Before	
−6.0kg	43.0kg	←	49.0kg	体重
−7.0%	21.0%	←	28.0%	体脂肪率
−8.0cm	64.0cm	←	72.0cm	ウエスト
−5.0cm	85.0cm	←	90.0cm	骨盤まわり

期間
約6か月

頻度
1〜2週に1回
70分のレッスン
＋
できるときだけ
寝る前に15〜30分

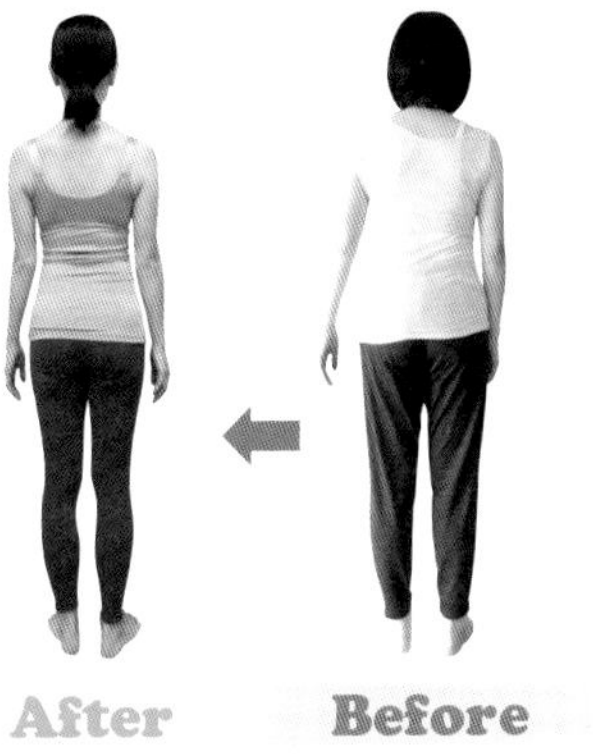

右軸だった左右のゆがみが解消し、肩の高さが水平に。巻き肩も改善しました。

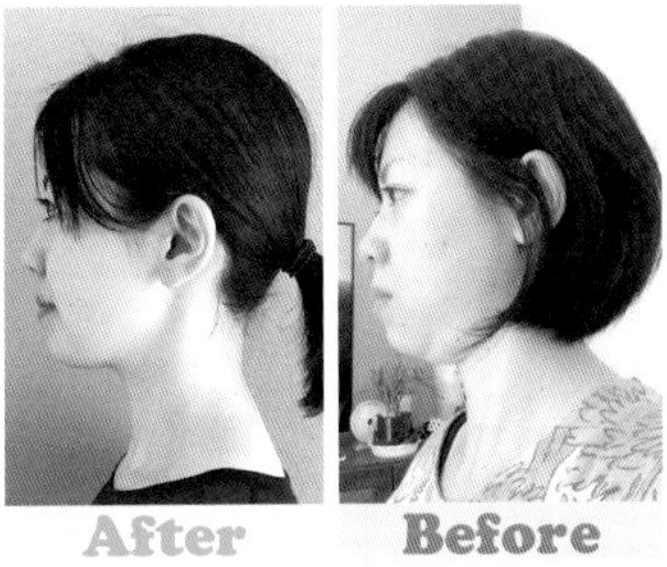

顔に特化したメニューをしたわけではなく、お尻を整えただけであごの肉も落ちました。

2人目を出産した後、骨盤を締めたいと、Naoko先生のレッスンへ。足のサイズが左右で0.7㎝も違い、ゆがみがあるのも気になっていました。

最初は体が硬く、いわれた動きができずに、スタート姿勢のまま硬直、という情けない状態でした。それでも続けるうちに体が変わったと感じたのは1か月たったころです。

実は20歳のときにヘルニアになったことが影響して、歩き方がぎこちないのが悩みでした。それが、自然にスッと歩けていることに気づいたんです。また、腰痛持ちで朝、おそるおそる起き上がっていたのも、ラクに動き出せるようになっていました。

そこからダイエットも加速。驚いたのはあごまわりです。仕事中、恐竜のように首を伸ばしてパソコンとにらめっこしていたためストレートネックに。伸びた首に肉がついていましたが、お尻筋伸ばしを続けるうちに、二重あごもスッキリしました。

産後、オバさん体形になってしまい着たい服を断念していましたが、産前よりスタイルアップし憧れのウエストインができるようになったのもうれしい変化。気持ちも明るく前向きになりました。

お尻筋伸ばし体験者 File3

Chamiさん【30代・骨盤矯正パーソナルトレーナー】

産後太りから半年でベスト体重に。美しいくびれもゲット！

ずんどうだったウエストが
キュッとくびれた

After　　Before

Chamiさんの成果

身長 159㎝

	After		Before	
-7.0kg	43.0kg	⬅	50.0kg	体重
-6.0%	19.0%	⬅	25.0%	体脂肪率

食べても太らない体質に。
思い切り力を入れないとひざが閉まらないほどの
O脚も改善。

期間
約6か月

頻度
週2回
70分のレッスン

あごまわりの肉が落ち、フェイスラインもシャープに。小顔になりました。

産後、ベスト体重より17kgもオーバーの60kgに。授乳と食事制限で何とか50kgまで落としましたがそこからまったく減らず、しかも食べたらすぐ太る体質になってしまったんです。何とかしなくてはと、Naoko先生のレッスンに通い始めました。

これまで経験してきたヨガや筋トレと違い、Naoko先生のレッスンは、体を動かすのではなく動きを制限されることが新鮮でした。ムダな動きを省くことで、何のためにしているのか、どこに効いているのかがクリアになります。また、ジョギングのような有酸素運動ではないのに、全身の筋肉をバランスよく使い続けているという感覚がありました。

体の使い方がわかってくると、「私は右軸で動きがち」など自分のウィークポイントも明確に。レッスンのときだけでなく普段の生活でも左右の真ん中軸を意識できるようになり、体がみるみる変わっていきました。50kgの壁を突破してベスト体重になれたうえ、食べても太らない体質が復活！

ボディメイクの結果が早く、一生自分で骨盤のメンテナンスをできるところが、お尻筋伸ばしのすごいところだと思います。

お尻筋伸ばし体験者

File4

ガンコな太ももの肉が落ちまっすぐなスラリ脚に！

Iさん【30代・骨盤矯正パーソナルトレーナー】

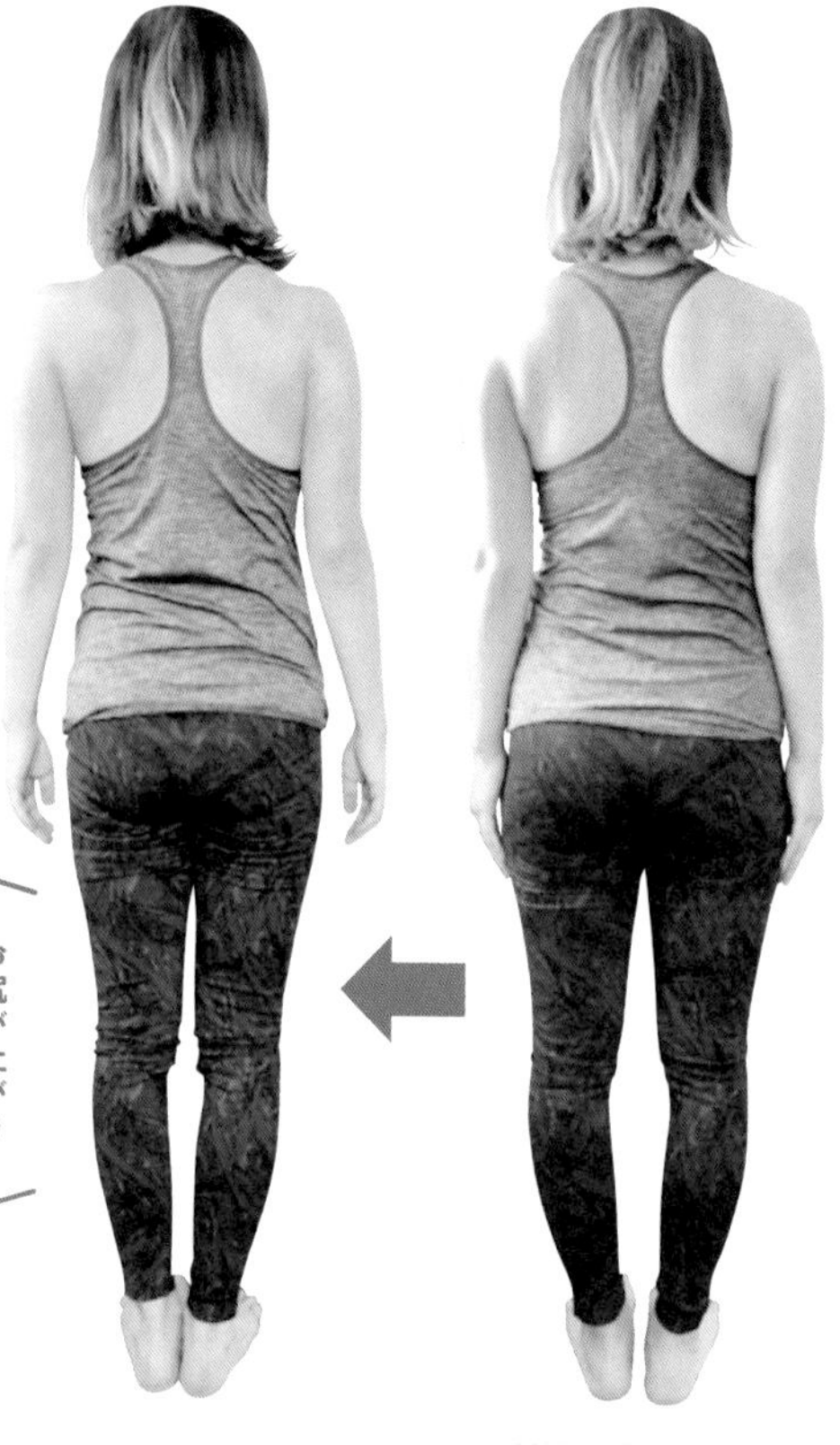

お尻が上がり脚がまっすぐに！

After　Before

Iさんの成果

身長 152㎝

	After		Before	
−2.0kg	46.0kg	←	48.0kg	体重
−6.0%	23.0%	←	29.0%	体脂肪率

O脚が治り下半身がスッキリ。
筋力もアップし疲れにくい体質に。

期間
3か月

頻度
週1回
70分のレッスン
＋
毎日寝る前に5分

太っていたころの知人には、「別人？」と驚かれるほど、見た目の印象も変わりました。

人生一番太っていたときと比べると12kgやせました。今は食べることが怖くありません。

学生時代はぽっちゃり。食事制限やジョギング、ジム通いなどさまざまなダイエットに挑戦するものの毎回挫折してきました。

妊娠中、つわりで食べられなくなってやせましたが、寝てばかりいたために筋力もダウン。産後、体重は40kg台なのに体脂肪率は30%近くあり、疲れやすく立っているだけでグッタリ。ひどいO脚で、下半身が太いのも悩みでした。

お尻筋伸ばしをしてみると、お尻や裏ももの筋肉を全然使えないことに大ショック。頭ではわかっているのに体が思うように動かせないことがたびたびありました。

Naoko先生によると、私の下半身が太いのは、外ももの張りが原因。細くするにはほぐすことが大事だと教えてもらいました。

お尻筋伸ばしの効果を感じ始めたのは1か月たったころ。便秘体質で3～4日に1回だったお通じが、気づけば毎日出るようになっていました。また、ボタンをギリギリとめていたMサイズのスカートを普通にはくことができ、ウエストに手がスルリと入ったのです。

お尻が怠けると、股関節が広がる感覚を自覚できるように。黄色信号を感じたら、自分でメンテナンスできる安心感がうれしいです。

お尻筋伸ばし体験者
File5

ウエスト−10㎝でペタ腹に!
猫背が治って肩こりも解消

G・Yさん【40代・主婦】

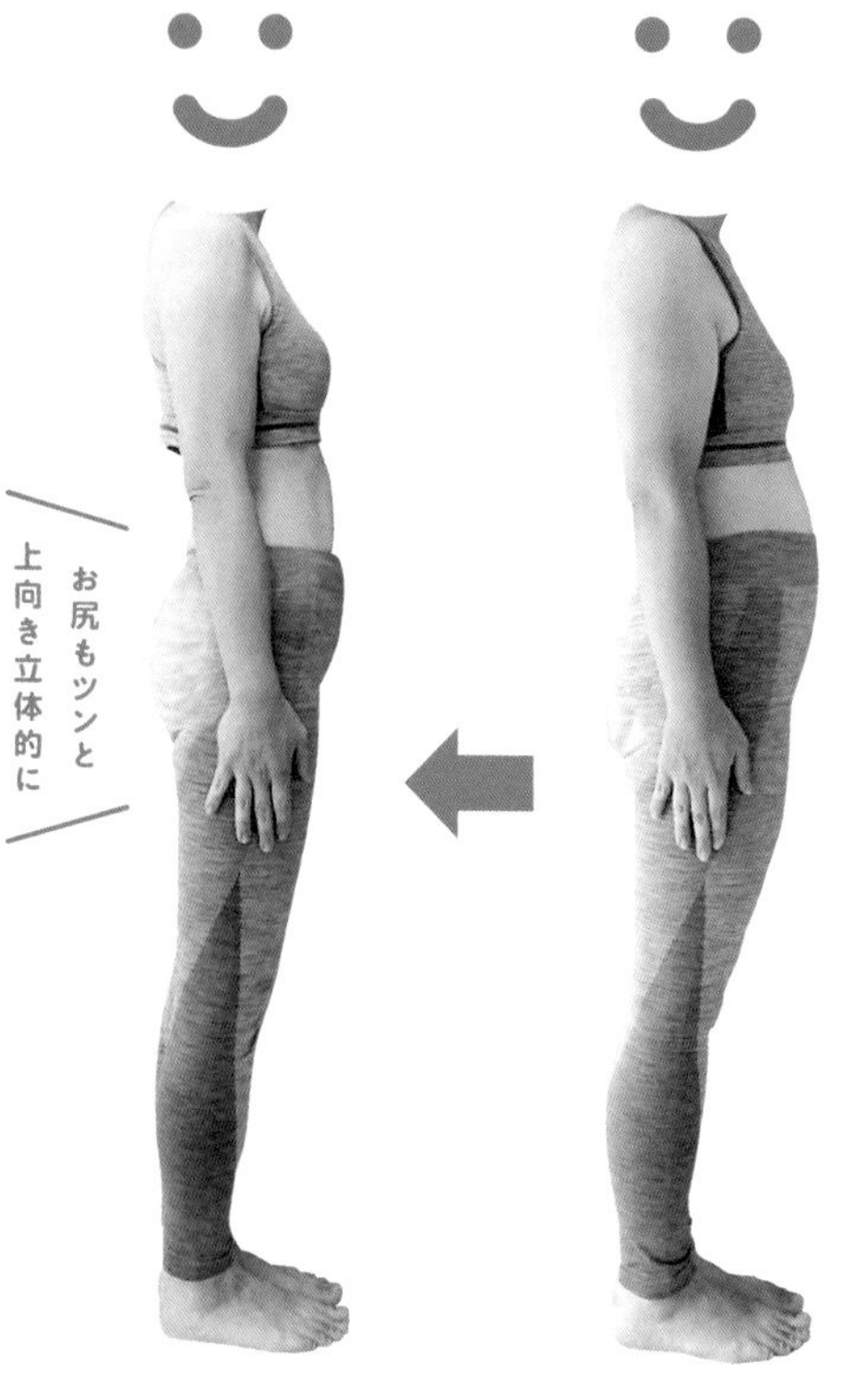

After　Before

身長158㎝

G・Yさんの成果

	After		Before	
−6.0kg	50.0kg	←	56.0kg	体重
−4.0%	24.0%	←	28.0%	体脂肪率
−10.0㎝	65.0㎝	←	75.0㎝	ウエスト
−9.0㎝	86.0㎝	←	95.0㎝	骨盤まわり

期間
3か月

頻度
週1〜2回
70分のレッスン
＋
毎日すき間時間に
トータル15分

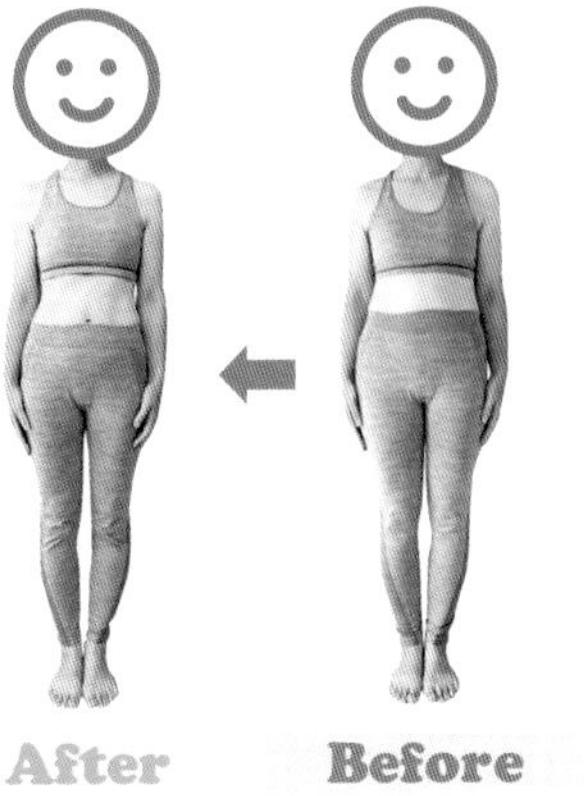

ウエストのくびれがうれしい。これまで避けていたピッタリ服にもチャレンジできます。

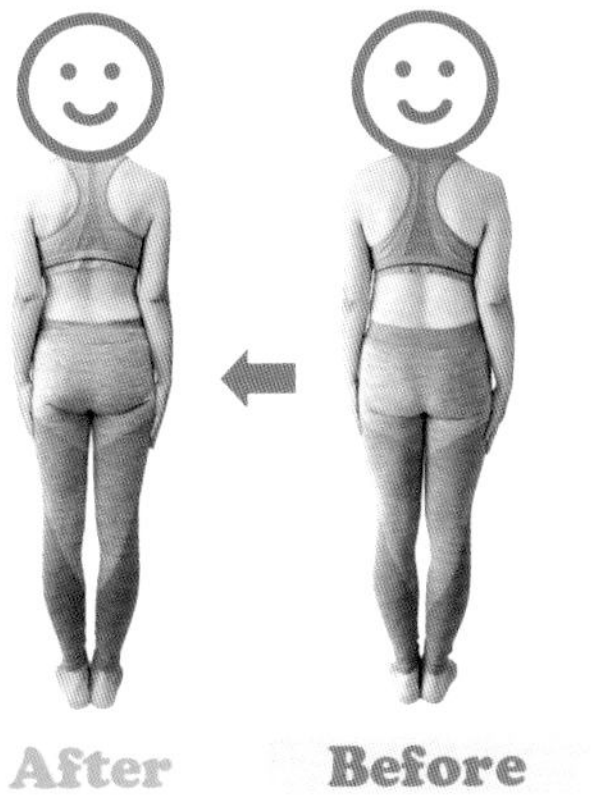

背中の脂肪も取れてスッキリ。後ろ姿にも自信が持てるようになりました。

思い立つと食事を減らしたりプールでウォーキングしたりしてみるものの、やせられないまま挫折を繰り返してきました。2人目を出産後、骨盤を引き締めたくてNaoko先生の元へ。ただし劇的にやせられる気はしていなくて、「ちょっと変われればいいや」という軽い気持ちだったんです。
　通い始めた当初、ひどい肩こりも悩みでした。Naoko先生によると、原因は姿勢の悪さ。猫背で首が前に出やすく、元をたどれば股関節が硬いことが原因と教えてもらい、姿勢矯正も視野に入れたレッスンをしていただきました。

スタートして10回ほどは、先生の指示が頭ではわかるものの体がついていかず、歯がゆい思いをしました。だんだんスッとできる回数が増え、バランスを崩さずにポーズがとれるように。それまではいすに座るとお尻がベターッとつくのが当たり前だと思っていたのですが、ベターッとくっつく面積が徐々に減っていくのを日々実感。3か月がたちレッスンが終了するころにはお尻が小さくなり、ウエストも10cmスリムに。猫背も改善され、肩こりも改善しました。
　レッスン後もリバウンドすることなく体形をキープしています。

お尻筋伸ばしにプラスしたい！

セルライトほぐしマッサージ

Easy これでもOK

ボールがないときはお尻を床に押しつけ、自重で圧をかけてマッサージするのがおすすめです。

お尻のセルライトほぐし

お尻の右下にテニスボールを入れて座り、両手を床について体を支えます。体を前後に揺すってボールを転がしながらマッサージ。痛みをガマンしすぎず、痛気持ちいいと感じられる圧で行いましょう。30秒続けたら反対側も同様に。

セルライトとは、お尻や太ももなどの皮膚表面にできるデコボコで、原因は肥大化した脂肪細胞です。脂肪が肥大化すると周囲の血管やリンパ管を圧迫。するとリンパ液に乗って排出されるはずの老廃物がたまったり、血液の循環が悪くなって冷えが悪化したり。やがてオレンジの皮のようにデコボコが目立つようになっていきます。

セルライトはお尻筋伸ばしでほぐすことができず、またセルライトがあるとお尻筋伸ばしの効果が出にくいのが困りもの。マッサージでほぐしましょう。おふろ上がりに行うのがおすすめです。

Easy これでもOK

ひざを立てて座り、セルライトが気になるところを中心にこぶしでこすってマッサージします。

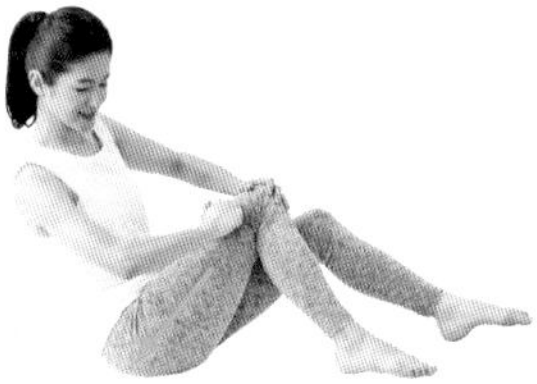

太ももの
セルライトほぐし

右太ももの下にテニスボールを入れて座り、右脚を伸ばします。両手を床について体を支え、体を前後に揺すってボールを転がしましょう。痛気持ちいい場所を探しながら30秒続けたら反対側も同様に。

30分の空腹ガマンが大事

内臓が若返る プチ・ファスティング

コツ 1

空腹を感じてから30分間何も食べない

成長ホルモンは、大人にとっては若返りホルモンです。空腹時が、成長ホルモン分泌のチャンス！ 30分間、食べるのをガマンしましょう。それ以上空けると血糖値が下がりすぎるので、ガマンしすぎは禁物。

コツ 2

ボリュームは昼しっかり、夜軽く

満腹で寝ると、睡眠中も内臓が働き続けることに。朝食はスムージーやサラダなど生野菜や果物を。昼食はしっかり、夕食は軽く早めにという食事サイクルを心がけましょう。

コツ 3

ちょこちょこ食べをやめる

ちょこちょこ食べていると、胃腸が休憩できません。帰ったらまず冷蔵庫を開ける、昼12時だから食べるなど習慣で食べるのをやめ、おなかがすいているときだけ食べるようにしましょう。

お尻筋伸ばしと組み合わせて食事にも気を使うと、ダイエットのスピードが加速します。

私がおすすめしているのは、プチ・ファスティング。空腹でいる時間を多めにつくることで、若返りに働いてくれる成長ホルモンを分泌させる食事術です。空腹の時間に胃腸を休ませることで、内臓の老化を防ぐこともできます。

何日も断食して空腹に耐え続ける必要はありません。コツは食べ過ぎないことと、空腹を感じてから30分間、食事をガマンすること。また、よくかめばそれだけ消化が助けられ、胃腸の負担が減ります。

コツ 4

糖質量は全体の50〜55%を目安に

栄養バランスは糖質50〜55%、たんぱく質と脂質を22.5〜25%ずつとるのがおすすめ。朝はトースト、昼はラーメン、夜はパスタなど、3食糖質メインの食生活は避けましょう。

コツ 5

一口30回よくかんで食べる

かんで細かくしてから送り込めば、胃腸の負担は軽減。また、かむことで唾液が分泌されるのもポイント。脳の満腹中枢が刺激され、早く満足度も高まります。

コツ 6

水＆白湯をこまめに飲む

水を飲むと交感神経が刺激されエネルギー代謝がアップします。お湯で洗い物をすると油が落ちやすいように、温かいほうが脂肪が溶けやすいので、冷たい水は避け常温の水か白湯を飲みましょう。

お尻筋伸ばしQ&A

Q. 写真と同じポーズができません

A. 効く場所が合っていれば違ってOKです

関節の硬さや筋肉の強さによっては、同じポーズが不可能なことも。「ここを刺激」で示している場所に刺激を感じていれば、足の高さや腕の位置にこだわらなくても構いません。

Q. どのメニューをやればいいの？

A. 基本メニューに必要なものをプラスして

基本の4メニューには、お尻を多方向から整える工夫を盛り込んでいます。それに部分やせや不調改善など、P64〜のほしい効果のメニューを組み合わせるのがおすすめです。

Q. 効いている気がしないのだけど……

A. ポイントを再確認してみましょう

お尻に効かせるには、伸ばす方向と反対方向に押さえる力が必要。反対の力が抜けているのかもしれません。「ひざで床を押す」など挙げているポイントを、意識してみましょう。

Q. 週に何日ぐらいやればいい？

A. 毎日ちょこちょこやりましょう

お尻筋伸ばしは筋肉を傷つけるような筋トレではないので、毎日行っても構いません。お尻を意識する機会が多いほど結果は早く出ます。ぜひ楽しみながら毎日の習慣にしてください。

Q. やってはいけないときはある？

A. 食後30分や痛みがあるときは避けて

食事の直後は体が消化吸収する時間ですから、安静にするのがベスト。腰痛や肩こりなど痛みが激しいと、代償動作を起こす可能性が。休むか、負荷を軽くするなど調整してください。

Q. "ながら"でやっても構わない？

A. 慣れてきたら"ながら"もアリです

力を入れるポイントや注意点をしっかり意識したほうが効きやすいので、専念するのが理想。慣れてきたら、ながらでも構いません。テレビや子どもの寝かしつけタイムなどに取り入れてください。

第4章

お尻筋伸ばしに
プラスして
ダイエットが加速

お尻 おなか 下半身 Training

トレーニング

無理なく骨盤をほぐす

後ろ歩き前屈

やり方

両脚を前に伸ばして座ります。このときひざは曲がっていてOK。続いて上体を無理のない範囲で倒し、お尻で後ろ歩きをするように少しずつ下がっていきます。

30秒間

NG 上体を前に倒すのは逆効果

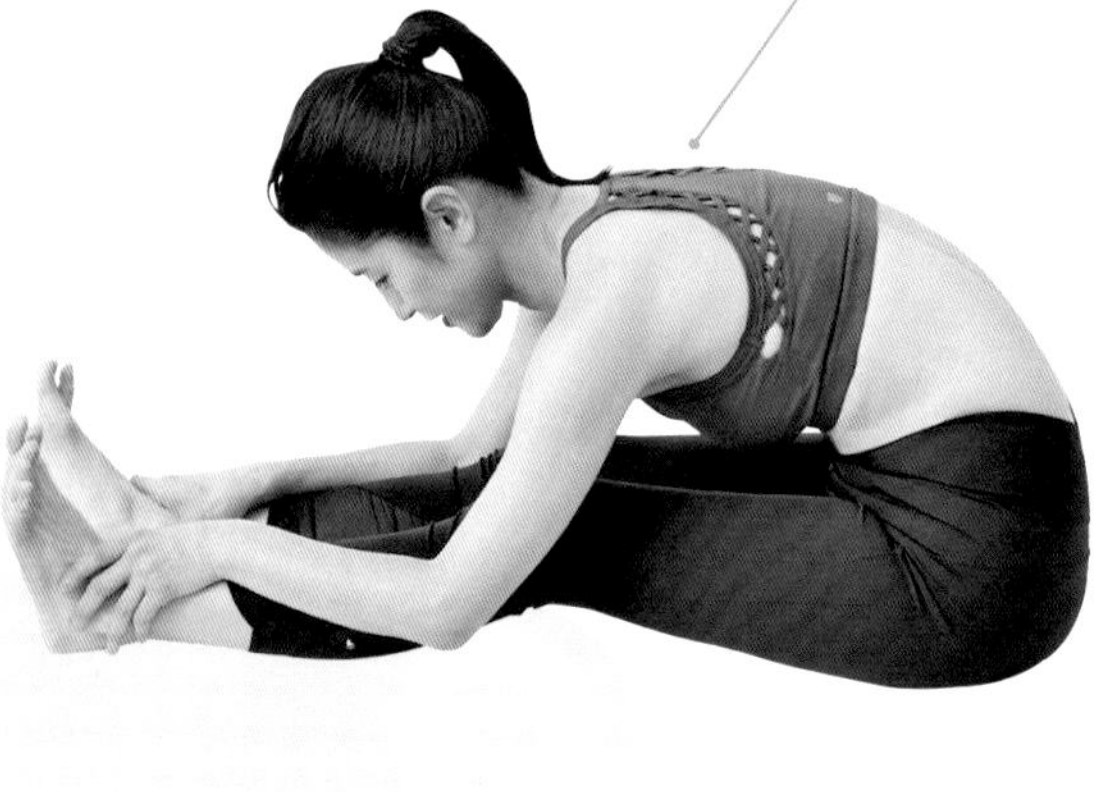

前屈の目的は、骨盤まわりを動かしやすくすることです。
長座で頭を前に倒す前屈だと、骨盤を後傾させて固めることになり逆効果。
お尻で後ろ歩きすれば、無理なく前屈ができます。

インナーから腹筋群を引き締める

ゴロゴロ脚上げ

やり方

あおむけになります。腕はひじを曲げて床につけ脚は上げてひざを軽く曲げること。そのままゆっくりひざを左に倒しては戻し、右に倒しては戻します。脚の勢いで戻すのではなく、背骨から起動と意識し息を吐きながらおなかの力で戻しましょう。

10往復

脚を固定して上体を起こす、一般的な腹筋運動は代償動作を起こしやすく、
アウターばかりに効くのが難点。
「背骨から動く」意識をしやすいトレーニングで、インナーを刺激します。

裏ももにしっかり効かせる

壁押しスクワット

やり方

壁の前で足を大きく開いて立ち、お尻を壁につけます。お尻をつけたまま、ゆっくりとひざを曲げて上体を落とし、続いてひざを伸ばして元の体勢に。体重を預けるのではなく、常に同じ力で壁を押し続けることを意識しましょう。

10回

脚のトレーニングにスクワットは最適ですが、前ももの力で動いてしまいがち。
お尻で壁を押しながらスクワットすれば、
自然とお尻や裏もも、おなかの力を使えます。

NG 背中を丸めたり、
お尻を壁から離さない

股関節の支点力を高める

ブロックまたぎ

股関節を支点に脚を動かすトレーニングです。重心が前にあると
股関節を動かしにくいので、壁でサポートしながら重心をセンターに置きましょう。

NG 上体を倒さない

やり方

壁に手をついて立ち、右脚を上げひざを外に曲げます。ひざの高さは低くて構わないので、かかとをしっかり上げること。ブロックをまたぐイメージで足先を外に出しては戻す動きを繰り返します。反対側も同様に。

左右各10回

腹筋をねじって下腹をスッキリ

人間コンパス

腹筋をねじりながら刺激することで、下腹やくびれなど、おなかまわり全体の引き締めに効かせます。ヒップアップにも◎!

NG ひざを曲げない

やり方

左手を壁につき、まっすぐ立ちます。右脚を前に出して指先で床をチョン、右に伸ばしてチョン、後ろに伸ばしてチョンと3点に触れながら、足先で円を描きましょう。反対側も同様に行います。

左右各10往復

お尻を左右に振ってくびれを強化

ベリーダンス風エクササイズ

骨盤がゆがむ一番の原因は動かさないこと。
左右に振ってゆがみをほぐします。わき腹も刺激できるので、くびれ効果も！

Challenge

腕を上げる

腕を上げて手を頭上で組むと、腰まわりにかかる負荷がアップ。軸ブレせずにできるようになったら挑戦しましょう。

スピードはゆっくりでOK
ひざを内側に入れない

やり方

足を閉じてまっすぐに立ち、ひざを軽く曲げます。上半身はその場にキープして、尻文字を書くようにお尻を左に右にゆっくり振ります。手をそけい部に当てると、腰の動きを意識しやすいでしょう。

30秒間

骨盤を動かしてムダ肉を取る

背中丸め＆反らし

骨盤の動きに連動させて背骨を動かすことで、背中がスッキリ。骨盤のゆがみも解消され、腰痛予防にもなります。

Easy これでもOK

上体をまっすぐ立てる

骨盤が硬いと、前傾することで代償動作が起きやすくなります。最初は上体を真っすぐに立てたまま、腰を動かしてもOKです。

やり方

壁の前に立ち、ひざを軽く曲げ上体を少し倒します。手を壁につきますが体重は預けず、手と壁を反発させるイメージを持つこと。そのまま骨盤を前に倒して背中を反らせる、後ろに倒して丸めるという動きを繰り返します。

30秒間

「できる」ことに目を向け続ければ、「できる」ことが増え、自信になります

この本の出版日は、偶然にも私の42歳の誕生日。自分へのご褒美プレゼントになりました。

多くのクライアントさんたちから「一生使えるメソッドです」「病院通いがなくなりました」といった言葉をいただき、自力をつける大切さや「自分の体は自分で治せる」喜びを伝えたい気持ちが高まり、今回、執筆することになりました。

私の骨盤矯正パーソナルトレーニングは、自力矯正×ボディメイクというオリジナルのトレーニング法で、その方の動作を見て悩みの原因をお伝えし、脳機能を活かしながら自分で解決できる方法をマスターしてもらうものです。

ダイエットだけでなく、体のゆがみや痛み、さまざまな疾患改善が目的の方もいます。どんな方にもそれぞれに合う自力矯正法があります。

たとえ1％でも「できる」ことに目を向けてください。すると「できる」ことが増えていき、「自分の力で変えられる」という自信になっていきます。

いきいきと人生を謳歌するか否かは、体の健康にかかっているのではないでしょうか。そして、体の健康は、必ず心の健康へと結びつきます。

たまにヘコむ自分がいても、不安になる自分がいても、大丈夫！　私も同じです。再び起き上がり、明るい人生を送ることができますように。

本書を手に取っていただいたみなさま、この本に携わってくださった全ての方に感謝します。

1人で何かを成し遂げることは難しく、まわりの「人」によってパワーをもらい、支えられていることを改めて感じています。

本当にありがとうございました。

Naoko

骨盤矯正パーソナルトレーナー。(株)NaokoBodyworks代表。20代の頃より、肥満をはじめ、肩こり、腰痛、外反母趾など多くの不調に悩まされ、ボディメンテナンスの分野に深く興味を持つようになる。出産を機に本格的に体作りの勉強を開始、ヨガ、ピラティス、整体、エステ手技などを学び、あらゆる知識と実績を組み合わせて独自のメソッドを開発。このメソッドにより、自身も14kgの減量に成功、不調知らずの体を手に入れる。現在は3人の子供の育児を行いながら、1万人以上の女性たちにボディメイクやメンタルケアを行うほか、後継者の育成指導、企業とのタイアップ商品開発など、精力的に活動をしている。

LINE@

HP www.naokobodyworks.com

Instagram @naokobodyworks

Staff

デザイン 木村由香利(986DESIGN)
撮影 臼田洋一郎
イラスト 根岸美帆
内山弘隆
ヘアメイク 大門友子
スタイリング 西本朋子
制作協力 北村朋子(SDM)
横川未来美(SDM)
編集協力 及川愛子
編集 彦田恵理子

衣装協力
ダンスキン／ゴールドウイン カスタマーサービスセンター ☎0120-307-560
プラヴィダ ☎03-6821-3503
[sn] super.natural ☎03-6425-7166

1分おしり筋を伸ばすだけで劇的ペタ腹!

2020年 4 月 7 日　第1刷発行
2020年10月22日　第8刷発行

著者　Naoko

発行人　中村公則
編集人　滝口勝弘

発行所　株式会社学研プラス
〒141-8415 東京都品川区西五反田2-11-8
印刷所　大日本印刷株式会社
DTP　株式会社グレン

〇この本に関する各種お問い合わせ先
本の内容については、下記サイトのお問い合わせフォームよりお願いします。
https://gakken-plus.co.jp/contact/
在庫については Tel:03-6431-1250(販売部)
不良品(落丁、乱丁)については Tel:0570-000577
学研業務センター 〒354-0045 埼玉県入間郡三芳町上富279-1
上記以外のお問い合わせは Tel:0570-056-710(学研グループ総合案内)